合 気 解 体 新 書

バウンダリー叢書

合気解体新書

冠光寺眞法修行叙説

炭粉良三

海鳴社

もくじ

はじめに

これから少なくとも冠光寺眞法という法において、合気を可能とさせる原理「愛魂《あいき》」について、それが成立する惟神《かんながら》の境地がいかなるものかを考えていこうと思う。

物語の中でそれらを表現しようとした合気シリーズは終わり、そのシリーズ中にも書いたとおり私は冠光寺流柔術という流派からも既に離脱した。愛魂という新しい概念で日本武道究極奥義と目される合気と酷似した現象を表現でき得るようになった（私の知る限り唯一の）門を出たのだ。

ところで、私がその門を離れたことにより、例えば道を外れ空高く舞い上がった鳥が地上を俯瞰《ふかん》するように、かえって見えてきたことがある。そのことが今、自分の筆を突き動かしているのだ。愛魂とは、合気現象を導くための形を伴わぬ特殊な方法論である。従って、心法ということになる。だがそもそも、そのような方法論にてアプローチしようとする合気とは、いったい何なのか。愛魂が方法論である限り、それは唯一無二ではなく、それへと向かう一本の道でしかないということになる。何もアーメンと唱えなくても合気の技はできるのだ、おそらく。冠光寺流に関わりを持った者が、その道を選んだだけのことだ。

けれどもその目的地（合気）とはいったいどこ（何）なのか。それを明らかにできれば、我々が日頃見知らぬ場所へ向かうときに使う、地図の如きものを何とか作れそうな気がするのだ。

言うまでもなく地図は使う人を選ばない。それ故に目的地を明らかにできれば他流の合気追求者にとっても地図足り得るはずだ。地図の利点とは、目的地の位置がハッキリとわかるところにある。そこで我々が追求すべきその目的地・合気について、物語性を排して書こうとするのだ。

もちろんそれは、既に合気の技を顕現できるようになりつつある冠光寺門下の人達にも、おそらく自分の居場所を告げてくれるものになるはずだ。むしろ、主題はそれだ。だから、「冠光寺眞法修行叙説」なのだ。私は冠光寺流柔術の門は出たが、冠光寺眞法の修行者であることは止めていない。

しかしながら、持論を展開するにあたり冠光寺門下からは中立性を保つため、以下敬称略とさせて頂くことを許されたい。

実は、ある発見があった。それは今や有名になった感のある、相手を立たせてしまう冠光寺式合気上げについてだ。この技は、実は受《うけ》が「立ってやろう」と意図すれば、できるのだ。つまり（本来の意味での）ヤラセは可能であり、またたとえヤラセをしようと思わなくてもラポールを生む可能性があるのだ。

ここで申し上げる。私の発見とはそんなことではない。

では何か？　それは、「立ってやろう」と思って立つときでさえ、自分の足の筋肉の使用感がなく互いに接触している自分の掌と相手の手首に、圧力変化が起こっていないという事実なのだ！

これはどう考えてもおかしい。

試しに椅子か何かにつかまり、正座の状態から足をクレーン状に伸ばして立ち上がってみてほしい。ものすごい足の筋肉の使用感と、腕力の少なからぬ協力を感じるはずだ。

だが、それらが、ないのだ！　たとえヤラセで行ったとしても、この合気上げには。

これはいったい何を意味しているのだろうか？　その理由を悟ったとき、私は驚いた！

その理由こそ、合気なのだ！

さあ、いったいどれだけの方達に、これをわかって頂けよう？

一つ、言おう。たとえヤラセであれラポールであれ、これを行い得た人達には、実は既に合気の扉は開いているのだ！

つまり、この合気上げで不思議とすべき点は、相手が立つというところではない。むしろ、立つときに受が何の力の行使をも感じないという点こそが不思議なのだ！　そして何故そのような状態になるのかという理由の中に、「合気はある！」と言っているのだ。

冠光寺流（いや、保江邦夫式と言うべきか）とは即ち、例えばこの合気上げをヤラセなく、ラポールなくやってのける術《すべ》を、愛魂という境地から到達したのだ。そしてそれは、合気を武術として捉えようとする者達にとっては、なるほど必須だ。この境地なくしては、合気は例えば合気上げのように条件を固定した上でしか成り立たない約束組手、言葉は悪いが「宴会芸」に過ぎなくなる。武術においては言うまでもなく、約束のない自由攻防において使えなければ全く意味を成さないのだ。

だが、合気の原理を知るヒントは、実はヤラセ云々の議論にはなく、今言ったその効果の中にこそある。

平成二十一年の三月と記憶する。当時、後の処女作になる「合気私考」と題した論文を読んだ師・保江邦夫は驚き、岡山に各地から専門家を招いて「合気物理学研究会」なる研究会議を開催、私はそれに呼ばれ自分の論を発表した。そのとき、保江は私にこう言った。「合気に対する君の論は、これから五十年間は覆されないかもしれない」と。

このことを逆に言えば、五十年経てば覆されるかもしれないということだ。また、有名進学校で物理を教える冠光寺流柔術神戸道場・道場長・浜口隆之は「全ては仮説でしかない。確立された理論であっても、あたかもスポーツの記録が塗り替えられるように、先で覆される可能性は常にあるのだ」と言った。

そのとおりである。

だから、これから書いてゆく論も、仮説でしかない。

合気物理学研究会で発表した持論を、私は今でも変更してはいない。その仮説を生んだ背景とその考察を、本書においてより詳しく書こうとするのだ。そしてこの作業はおそらく……生前決して技の動画を撮らせなかったという伝説の名人・大東流合気武術・佐川幸義宗範の「そんなことをしたら、格好だけを真似て悦に入る者達が出てしまう」という言葉の、一般に考えられている意味とは異なる「解」があることを指摘することになるかもしれない。
興味を持たれた読者は、どうか最後までお付き合い願いたい。

平成二十四年初夏の頃　炭粉　良三

合気とは、威力を伴わぬ騙し技である

人間の脳はその機能上、起こっていることをリアルタイムに認識することはできない。各感覚器官から得た情報を私達の脳は無意識下で分析し、それを私達に意識化させるかどうかをまず選択、そして意識化させると決定して初めてその出来事は私達の「知る」ところとなる。その作業は事の起こりと同時ではあり得ないが、いわば相手のその無意識下での脳による作業中に何らかの方法で忍び込み、術を施し、相手の脳機能に混乱を起こさせることで、相手の無意識下に筋肉硬直を起こさせ不安定な人形化に追い込むか、若しくは同じく無意識下にとりあえずは同調行動を取ってしまうという人間の「習性」を利用することで相手を崩す技である。

（炭粉良三仮説中での、合気の定義）

第一部　冠光寺眞法修業叙説　覚美《かがみ》の章

——「真の今」（あるいは「合気の海」）とは何か——

「見る」とは何か？　「聞く」とは何か？

ある頃から、私は非常に基本的な疑問を抱くようになった。それはもうかなり前からなのだが、どのくらい前かは忘れた。少なくとも、十年以上は前からだと思う。

ではその疑問とは何か。

申し上げよう、それは……「私達が物を見るとき、いったい誰が何を見ているのか？」という疑問なのだ。「バカなことを言うな！　自分に決まっているではないか！　自分が自分の目で見ているのだ」と言われれば、確かに私もそうだと思ってはいる。けれども私の言う意味は、少し違うのだ。

例えば、想像してほしい。今自分が居間でテレビを見ていたとする。この場合、確かに自分が自分の目で見ている。ところで、その居間にテレビがつけっぱなしになっている状態で、もしそこに私がいなければ、はたして私がテレビを見ていると言えるだろうか。

「何をバカなことを言っている！　そこにいないのなら見てないということじゃないか！」

そうなのだ！　私が言いたいのは、そこなのだ！

私達の眼は、カメラと同じ構造、同じ理屈のメカニズムを持っている。ということは、機械だと考えてよい。物の像はカメラではレンズにあたる水晶体を通して、同じくカメラではフィルムにあたる網膜上に逆さまな像を結ぶ。けれども、それだけでは単に網膜上に像が写っているだけのはずだ。カメラは物を写すというが、それだけのことで（当たり前だが）カメラ自体が決して物を見ているわけではない。つまり、網膜上に像が写っている段階では、私達もまだ物を見ているとは言えない。

では、その先はどうなるのか。

ものの本の中では、こう説明される。

まず、網膜上の像は電気信号に変換され視神経を通っていく。そして脳の後ろ側にある視床下部で解析され認識されて、そこで初めて私達は「物を見る」のだと。

だが、ちょっと待ってほしい。

電気信号はあくまで、電気信号に過ぎない。網膜上に写っている像ではない。そんな電気信号をいったいどうやって見るのだ？

電気信号ならばそれはおそらく、電気的な刺激でしかないはずだ。もはやそこに「像」など写るはずもない。視床下部には網膜などないからだ。

なのに、いったいどうやって見るのだ？

私が言いたいのは、ここだ！

それはまるで、誰もいない居間でテレビがつけっぱなしになっているのと同じではないか。視床下部には、人はいない。つまり、目はもうない。しかも送られてくるのは、画像ではなく電気信号なのだ。なのに何故「見る」ことができるというのか。

「電送写真や写メール。あれらも画像を信号に置き換え電気や電波に乗せて送り、機械で解析し直してモニター上に画像を写すではないか。それと同じだ」と言う人もいるだろう。けれどもそれだけでは「見た」ことにはならない。いうまでもないことだが、カメラと同じく決して携帯電話やパソコン自体がそれらを見ているわけではない。単にモニターに写しているだけだ。網膜に像が写るのと同じく。あくまでそれらの写真は私達に見られて初めて「見た」ことになる。そして私達が「見た」ことにしているそれらの画像もやはり、私達の網膜上に写った像が電気信号になったものに過ぎない。

いったいどこで誰が見ているのか？　いや、そもそも像のない電気信号など、どうやって見るのだ？

これが、私の抱く大きな疑問なのだ。

そして同じ理由により、『「聞く」とは何か？』も、私にはわからない。やはり鼓膜自体が聞いているわけではない。眼と同じように考えれば、「いったい誰がどこで聞いているのか？」という疑問に突き当たる。

もし、単なる電気信号などで見聞きできるというのなら、そもそも何故目や耳が必要なのか。そんな器官がなくとも電気信号さえ与えれば私達は物を見、聞けることになるではないか。

そんなバカなことがあるか！

いや、ある！　あるのだ。実にしばしば、私達は目を介さずに見、耳を介さずに聞いている。

夢だ!

夢の仲間達

夢を見ているとき、私達は寝ている。従って、目も耳も使ってなどいない。にもかかわらず、私達はそれを見る。

リアルな夢を見たときなど、目覚めてからも驚くことがある。もちろん夢だからストーリー展開は支離滅裂であったとしても、しかし私達は確かに夢の中でその画像を見、そして声や音を聞いているのだ。

けれども、何故こんな現象が起こるのだろうか? これもおそらく、ものの本には詳しい説明がなされていることだろう。そこで述べられる解説文を読むとき、確かに一応納得はできる。だが、根本的な疑問はやはり残ったままになる。「どこで誰が、それを見聞きしているのか?」と。

ところで、夢に似た現象に幻覚や幻聴などがある。ありもしない物が見え、ありもしない音が聞こえる。何も薬物依存者でなくとも、普通生活者にもときとして起こるものだ。経験された方もおられよう。筆者も少なからず経験しているのだが、中でも忘れられない体験がある。三十年ほども前のことだ。

国道に平行して走る側道を車で走っていた私は、その側道から国道に入ろうとしていた。その入り口の信号は、私に対して青だった。だから国道側の車の流れは気にせず（というか、車は走っていなかった）そのまま合流しようとした。すると突然一台の車が国道を走ってきたのだ。

私は急ブレーキをかけた。すんでのところで衝突を回避できたが、危なかった。こちらが青なのだから、その車が信号無視ということになる。私は腹を立て、確認するように信号を見直した。そして、愕然とする。何と、私の側の信号は赤だったのだ！「そんなバカな！確かに青だったはずだ！」時間的にも……信号が変わるほどの時間は経ってなどいないではないか。そう思った瞬間から、あれほど車の流れが少ないように見えていた国道が、実はかなり混んでいる状態だったことがわかった（というより、見えだした）。

この一件は今でも不思議で、ときどき思い出す。自分で想像するに、信号が青だと思い込んだが故に国道の交通量も見えなかったのだろう。つまり信号と交通量、この二つに対する幻覚を同時に見ていたことになる。

普通の体験談なら「だから思い込みは危ない。気をつけよう」で、話の幕を引く。だが私はこの頃から少しずつではあるが、あるものに対して疑いの気持ちを持ち始めるのだ。


そうだ！

それは「自分」という存在に、だ！

夢と幻覚が導く「存在」

話を夢に戻そう。

夢の中でも、物は見える。そして音は聞こえる。だからそれは、眼や耳を使わずして映像化がなされる可能性を示している。

一方、幻覚や幻聴は本人が起きて活動中に起こる。それ故この場合は眼や耳を通してさえ（つまり、使ってさえ）ありもしない映像や音を見聞きしていることになる。

だが、もし私達が自分で見たいものを見、聞きたいことを聞き、つまりそれらを自らの意志で選択し、ありのままの事実を見ているのが当たり前だとしたら、その中に飛び込んでくるこれらのイレギュラーな現象とはいったい何を意味するのか。それともそのイレギュラーでさえ、自らの意志の結果だとでもいうのだろうか？　夢で死ぬことはなかろうが、しかし幻覚で私は死にかけた。当たり前だが、私は死にたいなどと思ってはいないのに、だ。だからこれは決して自分の意志などでは、ない！

眼や耳を使わなくても生じる映像や音。そしてそれらを使っていてさえ生じる事実とは違う映像や音。そんなものは自分の仕業とはとても言えまい。ならば自分の眼や耳を使って、たとえ事実をありのままに見聞きしている場合であっても、それは意志を発している「自分」の仕事であるとは言い切れない何かが介在していると取るしかない。たまたまその自分とはいえない何かが……事実とは違うものを捏造して私達に与えるときがあるように、普通の状態でありのままに見聞きする（と私達が信じている）「事実」もまた、その「何か」による「事実としての捏造」であるという可能性を、どうして否めよう。

そしてもしそうなら、私達の意志とは何なのか。それが事実であれ嘘であれ、物事に対する私達の認識が、私達自身の意志を超えたところで先に起きる捏造（あるいは創作）である限り、私達の意志は、常にその場所から降りてくる作られた情報をただ待ちただ受け取るだけの存在に成り下がらざるを得ないのだ。そして私達が映像や音を「受け取る」ということは、私達にそれらを「与える」誰かがいるということを意味する。

「俺のせいじゃない！」と言う声が聞こえる。少なくとも、自分ではない。自分が「自分」と思っている存在とは明らかに異なる奴が、居るのだ！　しかも自分の中に……。

事実も嘘も、自由自在に作り出している奴が。御意見無用！　眼も耳も、役には立たぬ！　それらを通して外の世界を知るなど錯覚に過ぎないと言っている奴が。「全ては、俺が作っているのだ」と。

その「俺」とはいったい、誰なんだ？

「錯視」からの考察

もっと、その自分がどうしようもできない「自分」とやらを感じてみよう。その異変に気付くには、聞こえることでよりも見えることで確かめるほうが、劇的である。

それには錯視の実験がちょうどよい。ネットで「錯視」と検索すれば、色々と人間の錯視を呼ぶ絵が出てくる。便利な時代になったものだ……。

さて、動くはずもないのにクルクル回転して見える渦巻き状の絵、黒色の紙の上に白線で碁盤の目のように直角に交差する直線を等間隔に引いた場合に、その交差点に盛んに現れては消える黒い点々……これらはいくら自分の意志で「何故動かぬものが動き、ありもしない物が見えるのか。そんなはずは、ない！」と否定しようが、必ずそう見えるのだ。従って意識でコントロールすることなどできない。

こんな簡単な実験でも、私達は私達の意志以前になされる視覚における加工を体験することができるのだ。

眠っているとき、つまり眼を使用していないときでさえ見える夢、さらに眼を使っているときでさえ（ある）条件下で起こる幻覚、そして条件など関係なく起こる錯視。これらを追っていると、ますますわからなくなってくる。『「見る」とは、「見える」とは、いったい何なのだ?!』と。

初めの話に戻れば、それは網膜に写った像を電気信号に変えて、脳がもう一度像に組み立てているということになる。だがそれを行う脳の部位には、もはや眼も網膜もないのだ。

いったい、どうやって見ているのだ？

そう、「電気信号の情報を組み立てる」のだ。

だから、そこに脳の機能的な問題から錯視は起こり、脳の別の部分からの影響（思い込み）から幻覚が見え、寝ているときでさえ脳の他の部分からの情報で映像化してしまいそれが夢になる。つまり、正常（と言い切れるかどうかも疑わしくなってくるが、少なくとも複数の人間が同じように見えるという最大公約数的な意味での正常）な見え方であれ、幻覚・錯視・夢であれ、やはり私達が「自分」だと思っている私達の意識は、こともあろうにその自分の中に存在する他者によって、映像という情報を与えられているに過ぎないのだ！「聞こえてくる」という情報も、これに同じ。

そう、たとえそれが……事実であれ捏造が入った非・事実であっても、だ。

では、視覚や聴覚以外の感覚はどうだろうか。

目が見えなくとも、耳が聞こえなくとも、手で触《さわ》れば皮膚で触《ふ》れれば感じることができる、何より確かな感覚……。

だが、実はこれも大いに疑わしいものと考えざるを得ない事象があるのだ！

「幻肢」が教えてくれるもの

読者は、幻肢という言葉を御存知だろうか。

読んで字の如く幻の手足という意味だ。これは実に不可解なる症例に付けられた名称で、戦争や事故などで手足を失った人達が、もはや存在しないはずであるその手足の存在をリアルに感じてしまうという現象のことだ。特に、失った手足の部位に痛みを感じる場合（これを幻肢痛と呼ぶ。英文名「ファントムペイン」）に、その不可解さが高まる。治療するにも、そこに治療の対象たる手足が存在しないのだ。

この現象については様々な仮説が立てられ、全身をマップする脳の機能だけが残っているとする説から、気の体としての手足が実は存在していて、特殊な写真でそれを撮影できると主張するものまであるが、まだハッキリとは解明されていない。ただ、鏡を使って失った手足があたかも現存するように見せることでその痛みが治まったとの事例も報告されているようだ。だがこれも絶対的な治療法ではなく、それでも治まらない場合もあるとのことで、この幻肢痛に対する治療の決め手は今のところ、まだない。

ところで、この幻肢という現象で注目したいのは、患者が確かにそこに手足があるように感じている点であり、その感覚を健常者の私達が「そんなはずはない」と否定するのは不毛な態度である。

私は思い出すのだが、確かペンフィールド博士（ワイルダー・ペンフィールド＝カナダの脳外科医、神経生理学者）の実験で、人間の脳を各所別に電気で刺激すると、その脳の場所が機能の対象とする体の部位に刺激を覚えるというものがあったと記憶する。つまり、たとえば被験者の右手中指の感覚を担当する脳の場所に電気刺激を与えると、被験者の右手中指には実際には何も起こっていないにもかかわらず、痛みや誰かに触られたような感覚が生じるというのだ。

この実験によりペンフィールド博士は脳と体の部位の関係を示すマップを作ったそうだが、私に言わせれば、重要な点と感じられるのは（無論これを治療に応用しようとする立場でマップを作ることは大変重要である。それを否定するものではない）そのマップよりも、脳が電気刺激を受けるだけで事実とは異なる感覚を作り上げてしまうという点である。つまり、私達が絶対的に信用を置く（というよりも「信用したい」と切に願う）触覚ですら、脳が関与しそれを分析、そして経験値なども加味しながら私達の意識に「与えて」いるということになる。

全ての感覚がまず「脳ありき」なのだ。視覚、聴覚、その他の感覚（いわゆる五感）全てが。それが証拠に、それを逆手に取って脳を騙せば、私達の「常識」とする世界は簡単に揺らぐ。

たとえば、立体写真を見よ。あんなもの、どう見ても平面世界である写真が二枚並んでいるだけに過ぎない。それなのにその二枚の写真がちょうど両眼から物を見るときにできる角度差を持っているという細工に引っかかった私達の脳は、あたかも両目で物を見ているときと同じだと騙され、画像を立体化させてしまうではないか。

かつて私は文筆業の処女作となった『合気解明――フォースを追い求めた空手家の記録――』（海鳴社）にて、こう書いた。たとえば坂道を登っているとき、寄せ目をして足元を見、その坂道が坂道でないように（偽の情報を）見せてやると、心拍数や発汗の増加は見られるものの、今まで感じていた疲労感は嘘のように消滅し、楽に歩けるどころか走り出しさえできるような感覚を得る、と。

事実である。寄せ目ができる読者は、坂道で是非試されたい。

では、いったい誰にその偽の情報を「見せる」のか？

無論、見ているのは自分のはずだ。

だが、違うのだ！　違う自分に、見せてやるのだ！

私達が自分だと信じて疑わない自分即ち「意識」を生み出している、私達の意識が関知し得ない無意識下にて働く脳に、だ。そうすることで、皮肉なことに……発生が（遥かに）遅い私達の「意識」が知っている事実（この場合は「自分は今、坂道を登っている」ということ）を、視覚という情報受信の段階で狂わされた脳は、それにより明らかに私達の意識に下ろしてくる感覚を作り変えてしまうのだ！　まるで、幻覚や幻聴、錯視や幻肢痛のように。

そう！　私達の中には、もう一人の自分がいる！　そいつが、犯人だ！　事実であれ捏造であれ、私達が「世界」だと信じているビジョンを「作り上げ」ている、犯人だ！

その犯人の名前は、「脳」！

まさに……脳こそは私達の元の元。何故なら私達が自分だと思っている、いや、自分だと思い得る「意識」を作り上げているのだから。単なる電気信号をわざわざ、画像や音などに変えてまで、私達の周りの世界を同時に作り上げながら……。

いや、違う！

違うのだ！

脳などでは、ない！

それよりも、もっと先行するものが、実はある。

ロシアの入れ子人形、マトリョーシカ。その最後の人形は、脳ではないのだ！

ダグラス・ハーディング、その一

昨年（平成二十四年）四月初旬、ある夜のことだ。たまたまその日は仕事が早く終わり、珍しいことに真っ直ぐ帰宅し自宅で呑んでいた。すると、「ラーメンつぼ」から珍しく電話が入った。店主坪井将誉によると、拙書『合気真伝――フォースを追い求めた空手家のその後――』（海鳴社）に収録されている「坪井将誉伝」を読んで、坪井よりは先輩になる某元プロボクサーの男が今訪ねてきて食事してくれている。この男はプロ時代かなり強いボクサーとして知られていたが、是非とも炭粉と話がしたいと言っている、とのこと。

正直、迷った。そんな軽い調子で取り次がれても困る、と。

その旨坪井に申し伝えた後で「まあしかしせっかくだから今回だけは特別に……」と、その男と話してもよいと告げた。

男は名を名乗った後、いきなり言った。

「炭粉先生、ダグラス・ハーディングという人物を知ってますか？　そして彼が主張する『頭がない方法』って、知ってますか？」

「はあッ?!」

正直、ムッときた。「いきなり何を言い出すんだ！　この男は」と。しかも、そんな人物も主義主張も、全く知らなかった。だからそう告げると、その男はなおも続ける。

「炭粉先生の合気の理論を読んでいると、どうしてもこのダグラス・ハーディングの主張する『頭がない方法』と関係がある気がしてならないのです！　先生、よければ調べてもらえませんか」

その男の語調にはしかし、何か真実を必死に訴えようとする一種の迫力があった。そこで、とにかくネットで調べてからまた後日連絡すると告げて、電話を切った。

呑み直しとばかり、冷蔵庫に新しい缶ビールを取りに行く。開けてグラスに注ぐ。だが……どうにも、気になった。

「ダグラス・ハーディング、どこの誰なんだ？　それに『頭がない方法』って、いったい何なんだ？」

エエイッ！　人がせっかくゆっくりとビールを楽しんでいるというのに！

性分とはどうしようもないものだ。グラス片手に私はスゴスゴとパソコンの部屋に行き、そして立ち上げ、検索したのだった。

ダグラス・ハーディング、その二

約十分後、私は焦りながらも「ラーメンつぼ」に必死に電話をかけていた。

「もしもし！　坪井ッ、さっきの人まだいるかッ?!」

幸いにもその男は食後にビールを呑んでいるらしく、まだ店内にいた。

「その人に代わってくれ！」

私はその男に丁寧に礼を述べた。そして確かにダグラス・ハーディングは御指摘どおり、合気追究に大きなヒントとなる可能性極めて大だと告げたのだ。そして、「しばらく時間がほしい。じっくり研究してみる」と。

ダグラス・ハーディングは英国の神秘主義者・哲学者である。一九〇九年に生まれ、敬虔なるキリスト教（同胞派）環境の中で育つも、二十一歳のときに破門されている。これはその教派がいわゆる「原理主義」であったため、「自分達だけが真に正しい神の道を進む者だ」と強く主張する彼らの姿に疑問を抱いたハーディングが、その主張に抗《あらが》ったからだという。

ここで「原理主義」について軽く触れておこう。原理主義とは、その宗教が拠って立つ根本教典に書かれてあることが全て完璧に「事実」だと信じる立場のことである。それ故に原理主義とは昨今ニュースを騒がせているイスラム教原理主義に限らず、キリスト教にも、否それが根本教典を持つ宗教である限り、どの宗教にも存在する（ただし仏教原理主義は寡聞にして聞かない。これは厳密には仏教は宗教ではないからだろう。仏教はそもそも「神」を戴かない。「仏」とは人間が自らの修行努力で到達し得る、あくまで人間としての最高境地のことであって、決して神ではないからだ。ブッダは弟子や衆生に、それに至る道を諭し導こうとしたのだ)。

ついでに言えば、だから原理主義イコール過激派というわけでは決してない。ないが、しかし教典を全て事実とするが故にその主張は他者からは過激に感じられ排斥されやすい傾向にあり、また原理主義者からすれば「自分達が正しいのに何故皆わからないのか」と孤立化、激化する傾向にあることは確かだ。

ところでキリスト教原理主義とは、だから新約聖書に描かれた物語はイエスの奇跡譚も無論含めて、いっさいが事実であると頑《かたく》なに信じる派ということになる。故に他派が、その奇跡譚を通じて表される「真実」を汲み取ろうとする立場を、決して認めない。その態度に、若きハーディングは疑問を持ったのだ。

原理主義の環境から脱却したハーディングは「様々な」教派が唱える「様々な」正しさに悩む。「正しさ」とは断じて様々あってはならず、唯一無比なものだとの思いからである。建築業に携わりながら家族と共にイギリスを離れインドにまで赴いてもいるが、迫りくる世界大戦の気配の下、自分の死も近いのではないかとの思いがいっそう彼を焦らせるのだった。

そんなある日のこと、ハーディングは偶然、哲学者であり物理学者でもあるエルンスト・マッハが描いたという不思議な絵と出会う。それはマッハが自分で自分を描いた自画像であったが、通常の自画像、つまり自分を鏡に映すか写真などを見て描く自分の顔の絵ではなく、自分の目で見える範囲の自分を描いたものであった。つまり、自分の胸から始まって両足に至るまでが描かれ、当然肝心の顔は描かれてはいない。自分の顔を自分の目で見ることは、不可能だからだ。だが……。

この絵を見た瞬間、ハーディングは凄まじい霊感に打たれることになるのだ！

ダグラス・ハーディング、その三

「私達には、頭がない（見えない）。なのに私達は、私達の周りを、世界を見ている！　けれど、その『見えない私』とは、いったい何なのだ?!」

という疑問と、それに対する答えとが、おそらくは同時に霊感によって、彼に与えられたのだ、その瞬間に。

私には、わかる気がする。

自分だと思って疑わない何よりも確かであるべき存在、その存在が、実は、ない！　感じられない！

私は、何処だ？

何処にいる？

いや待て、私は、ここだ！　ここにいる。だが、その自分の中心とも呼ぶべきところから、私達は物を見ている気がする。けれど……その中心に存在するはずの、確固たる自分の存在が……見えない！　感じられない！

いったい私達は何処で見ているのだ？　何処で聞いているのだ？　そして、何処で感じているのだ？

自分との距離ゼロの地点にある「存在」とはいったい、何だ?!

無論、ハーディングに関する文献をネットで調べてみると、この気付きに対して彼が展開してゆく論考を見ることができる。

しかし、私はその展開よりはむしろ、この彼の気付きそれ自体に衝撃を感じたのだ。

では、私にとってどこが衝撃的だったか、読者にはおわかり頂けるだろうか？

既に述べたように、誰もいない部屋にテレビがつけっぱなしだったとする。そこに私が入ってきてそのテレビを見たら、それは私が見ていることになる。だが、これも既に述べたように、私が「見る」ということは、そのテレビの映像が私の網膜上に写っている、ということである。それが電気信号化され私の脳（視床下部）に送られて解析される。そしてその解析結果を何故か私は（もはや像を写す網膜もないというのに）像として見る、いや、見ている（つもりになる）。無論、無意識下で行われる脳による加工が施された後で。

けれども、これも繰り返しになるが、何故、そして誰が見ているというのだそこで？　私の「意識」？

では聞こう。意識に実体はあるのか、と。意識とは、我々の脳の活動によって立ち上がる現象に過ぎない。だから脳の損傷によりこれが消失することはあっても、損傷していない脳の中から「意識」だけを抽出することなど、できはしないのだ！

取り出せないということは、即ち「ない」ということなのか？　否、意識は歴然として存在している。第一、これを今書いているのは私の意識であり、読んでいるのは読者の意識なのだ。それがもし「ない」というのなら、今行っている我々の行為も消失してしまうではないか。

けれども、ハーディングはこう気付いたのだ。

「やっぱり、私達が見聞きしているはずである私達の中心は、カラッポだ」

と！

如何にも西洋人らしく、このハーディングの気付きは「唯物論」的ではある。自分がそれを使って「見ている」はずである両眼を伴う「頭」は自分では決して見えず、しかもそれ故にそれを見ているはずである自分の中心、自分の中の自分、距離ゼロの自分すら、見えないし感じられない！即ち、「ない！」と。

けれどもそれが唯物論的であるからこそいっそう、どうしようもなく不気味に迫ってくるではないか！

東洋で言うところの「空」……。

唯物論で言えば、ロシアの入れ子人形。その最後の極小の人形を取り出してパカッと開けたら、中はカラッポだったという……。

本当に、そうなのだろうか？

もしそうだとしたら、何故私達は見、聞き、感じることができるのだろうか。

それとも、そんなことはいっさいが実は存在しないのか。私達は人生という「悪い」（幸せな人達には「良い」）夢でも、見ているのだろうか（しかし夢であったとしてもだ、何処で、誰が……）。

思考の堂々巡り

ダグラス・ハーディング、「頭のない方法」……件の元プロボクサーの男からそれを教えられてからしばらくの間、私の心は彼の説く不思議な哲学に魅了された。何故なら、その哲学を考えれば考えるほど、自分が今まで展開してきた合気に対する仮説を別の角度から解きほぐそうとしているような気がしてならなかったからだ。

私は一連の合気シリーズにおいて既に「合気とは時間の技なのではないか」との持論を語ってきた。保江邦夫との勝負や技の交流を通じて常に存在した感覚が、私にそれを強く主張し続けるのだ。

「何かが、ズレている」という一種の違和感。それはまるで、そう、変な言い方だが目の前にいる（はずである）保江邦夫という柔術家が存在しないかのような、（相手には失礼だが）まるで幽霊か生き霊のような感覚なのだ。

ただ、それはあたかも雲を掴むが如くのような頼りなさ、手応えのなさ……ではない。実態は感覚される。（技自体の破壊力は皆無だが）技の動きそのものは感得されてはいる。

ところが、いくら自分がその仕掛けられる技の動きに抗ってやろうとしても、そう思う「前」に自分の中の「何か」が彼の「何か」と結託してしまい、その結果自分では「クソォ、何で抗おうとしているのに体のほうが先に反応し、なすがままに動いてしまうのだ?!」とはがゆい思いにかられながらも投げ飛ばされてしまう。ところがそのはがゆさは……自分の体の無意識反応と、それとは裏腹の自分の気持ちとの分離という言わば自己の中の乖離現象の元、つまりはその奇妙なるズレによって「楽しさ」へと転化されてしまうのだから始末が悪い。

畳に打ちつけられながらもケタケタと笑っている……こんな不気味な光景がまたとあろうか！けれども、確かに「ズレ」と感じていた。だからこそ、それが滑稽に感じられるのだ。

私にとって、それ故ベンジャミン・リベット博士の学説は当時（いや今も）誠にもって「我が意を得たり」と思えたものだ。脳はその機能上、起こる事柄をリアルタイムに認識できない。さらに人間の体は瞬時には動かず、動かすためにはその準備段階が必要となる。ところで、これら二つの用件を私達の意識に落とすまでの間、脳は無意識下で作業を行う。だからその作業は決して私達に意識されることはない……そうだ、この学説はまさに、私が保江邦夫の技を受けズレを感じることによって得た心の叫びを能く言い表しているではないか！

だが、ということは……そう！　私達が感知できない世界が存在するということだ！　私達の心も身体も、いや私達の周りにある全ていっさいがっさいのものに（実際に）起こっているリアルタイムの事象！

そうだ！　おそらく……合気はそこに在るのだ！

しかし、だ。いったいどうやって保江邦夫という人物は私達が決して意識できないリアルタイムの世界（故に、私達の意識からは見かけ上の「未来」）において技をかけているのだろうか……当然私の思考は、そこに向かう。

けれどもここでいったんその方法論は置いておき、では私達が意識できないリアルタイムに起こる事象とはいったいどういうものなのかを想像してみようとするとき、ダグラス・ハーディングが説くところの哲学が一種の迫力を持ってくるのだ。

私達は普通、自分で見聞きしているつもりである。いや、実際にそれはそのとおりであろう。例えば私が道を歩いているときに綺麗な花を見つけたら、それは私が見つけたのであって、あなたではない。だがここで忘れてはならないのは、自分が「綺麗な花だ」と思う前に、実は既に自分はその花を見つけているという事実だ。その瞬間（リアルタイム）にはまだ網膜にその象が写っただけであり、そのときにこそおそらくダグラス・ハーディング言うところの自分の中心がそれを見ている気がしてならないのだ。「綺麗だ」と思ってしまったが最後、それは脳が今までの経験値から弾きだした「綺麗」と思う私自身の価値観を添えて、我が意識に落とした「後」なのだ。

「時間がかかる」ということは、即ち「距離が存在する」ということに他ならない。少し話は難しくなるが、実は時間と空間とは別のものではない。両者は同じものであり、よって「時空」とひとまとめに呼ぶこともある。それら両者は目には見えず（「空間は目に見えるじゃないか」と考えるのは誤り。それは自分から離れている別の対象物との間の距離を空間と勘違いしているだけだ。例えば目の数メートル前に電柱があれば、それとの距離を空間だと思ってしまう。しかし想像して見よ。もし自分以外は全く何もない空間に放り込まれたとき、その人は空間を意識することができるだろうか？）、従って実態を掴むことなどできないが、ただどういうわけかその存在だけは、私達人間には感じ取ることが可能だ。

だがこれは、実は脳が作り演出している幻である可能性がある。

そう、だから……ダグラス・ハーディングが悟ったという、自分から距離ゼロの位置にある、まさに自分の中心。そこで「悟られる」世界こそ、脳の演出以前に在る合気に関与するステージなのではないか。

ところで、先ほど私は「綺麗な花を見つけたとき、それは自分が見つけたのだ」と書いた。そして「それはそのとおり」だと。だが、明らかに脳の処理が施され時間がかかって意識される「自分」こそが、普段私達が「自分」と感じている「意識」である。けれども、これも先述したように、時間がかかるということは「離れている」ということを意味する。

だとしたら、ここでいう自分とはいったい自分の中心からどれくらい離れているのだろう？　というよりも、では自分の中心においては「自分」とは意識されないわけだから、その中心にいる自分とは、自分でありながら自分ではないことになってしまう。

そこにはいったい、何が在るのか？

リアルタイムの世界とは、何だ？

覚美《かがみ》と惟神《かんながら》

その思考の堂々巡りを自分なりに解決するヒントは、しかし突然与えられた。
ある日、仕事で東神戸の御影《みかげ》という町を訪れたときのことだ。阪急電鉄御影駅北側の改札口を出ると小さな公園のような造りの場所があり、そこに設えられた石碑に金属製の板がまるで鏡のように取り付けられているのを見つけたのだ。晴れた日だったので、その金属板に陽光が反射しキラキラと光っていたので、思わず近づいて見た。するとその金属板には、以下のような文が刻まれていた。

「伝説では御影の地名は、神功皇后がこの地で澤の井の水面に姿を映して化粧をされたことから、御姿、御影『おんかげ』『みかげ』となったという。平安前期の『和名抄』は当地を摂津國菟原郡の覚美《かがみ》の郷と記しており、この地の綱敷天満神社には古い御神体と伝える地金の銅の固まりがある。このような伝説・地名・物から、古代の当地には銅細工に関わる技術者の鏡作部がいて鏡（覚美）の郷と呼ばれ、鏡に映る姿、つまり御影の地名がついたものだと考えられる。文・田辺眞人」

（田辺眞人は神戸出身の歴史家）

さらによく見るとその金属板は敢えていびつな形に作らており、その形状は文中に書かれた綱敷天満神社にある古い御神体、蒼稲魂《うかのみたま》を模《かたど》ったもの、と記されてある。


それらの文を読んだとき、突然閃いた！

そうか、鏡！

そうだ、私達の中心、我々から距離ゼロの場所にあるものとは、おそらく鏡なのだ、と。

私達が自分の中心を考えれば考えるほど、空虚な気持ちになってしまい、実はそこには少なくとも自分の意識では感知できないものが存在しているのかもしれないと思うとき、そこに森羅万象全てをあるがままに、リアルタイムに映す鏡が在ると考えれば、腑に落ちる！　あたかも神社の神棚の真ん中に据えられている、円形の鏡のように……。

鏡には、感情はない。経験値から弾き出す捏造もない。ただ、在るものを在るがままに映すのみ。即ち（無意識段階であれ意識段階であれ）人為など、微塵もない！　これこそが、我々の中心なのではないか。その鏡に映った像を私達の脳が後から人為を施し、その人なりに解釈して見ているのだ。当然人為にかかる時間の後に……ということは、その人為の及ばぬ所に御座る鏡、いや覚美こそ、確かに神を現す印か！　そうだとすれば、まさに……その覚美の映すところにのみ従うことこそ、惟神《かんながら》即ち神と完全に同化し神意を顕す道……。

「大東流は惟神の武術」

そうか、合気の源流・大東流の極意とは、己を曇り（脳の無意識による人為的作業）一点とてない、覚美と成すことだったのだ！　それで、無時間即ちリアルタイムでの技が、解ける。

けれども……。

だとしたら、いったい何故そういった技が存在するのだろうか。

そして何故私達人間は、それを発見したのだろうか。

襲いくる敵に対し、それを必倒するためにだろうか？

確かに、始めはそうであったはずだ。だが、合気の技それ自体には威力などない。必倒は可能でも、必殺ではない。しかも、それを発現させるためには惟神の境地にまで自分を昇華させなければならないのだ。けれどもそれを得るには、とりもなおさず自分を捨てなければならない。

ちょっと待て！　そもそも敵を退けるのは自分を護るためではなかったのか？

もしその自分を捨てるのだとしたら、いったい何を護るのだ?

自分という意識。しかしその中心に自分はない、感じられないというハーディングの指摘。
そこに在る覚美即ち惟神の世界。
その後に成立する自我意識即ち「自分を護る」という気持ちに先行する、否、先行するというよりは「在りて在り」続けるリアルタイムの事象と摂理。

「自分を捨てる」とは、護るべきものを捨てるということ。否、そう「思う」より先に、ただ「在る」こと。そうすることで皮肉にも、敵はその攻撃力を失う。失うが、傷つかない。
そしてそのことで、敵は敵で……なくなってしまう。

この境地とは、何だ?
私達はこれを、何と呼ぶ?

「愛」だ。

第二部　冠光寺眞法修業叙説　愛の章

——愛魂《あいき》とは何か——

書・迫登茂子

見えざる「左側の教え」

さて、今まで見てきたように「真の今」とは、脳がいっさい立ち入らぬ、例えば視覚でいえば網膜を純粋な鏡として身の周りのものがそのままに、在るがままに映っている状態であろうことが、どうやらわかってきた。そしておそらくその状態こそが「惟神」の境地であろうことも。

しかし、ここで大きな問題点がある。

脳を通し、その分析や取捨選択を経ない限り、私達は「見た」ことにはならない、という点だ。惟神の境地に入れたとき、実は私達には何も見えていない。

お気づきだろうか。

これこそ、保江邦夫や私がよく書くところの「見えざるもの」の背景なのだ！　ただしあくまで「背景」つまり世界であって、「見えざるもの」それ自体は別に存在する。それを「摂理」と呼ぶ。創造と破壊の両面を持つ、宇宙の法則のことだ。無論、人間もその影響を受ける。

ややこしい言い方をすれば、「見えざる風景の中に在る、見えざるもの」ということになる。これが、合気のステージとなるリアルタイムの世界とその住人だ。

けれども、逆にこうも言える。

もし世の中に「見えるものしか存在しない」と確信している方々にとっては、これから私が展開しようとしている（否、これまでも展開してきた）論議は全く存在しない、つまり「ない」ことと同じだ。だからそのような論議自体が無駄なことに思われよう。

それでよい。

もとより、御興味持たれる方々だけに語るべきなのだ。

私がよく引用させて頂く武術家・近藤孝洋氏の言葉をお借りすれば、これから私が語ろうとする事柄はまさにスペイン魔術の「左側の教え」にあたるのかもしれない。

英語で「あなたは正しい」と言う場合、"You are right."と表現する。つまり「あなたは右側だ」ということになる。「右側の教え」はなるほど「正しい」。しかしそれは私達が築いてきた常識や既知の知識に照らして「正しい」という意味であって、それ故にもし、その常識や知識が変化を見せれば最後、根底からその「正しさ」は崩れ去る。

そしてそのとき、新たな常識・新たな知識が確立されて、それらが「正しい」という右側の台《うてな》に鎮座する（これを「パラダイム・シフト」と呼ぶ）。けれども、それらが永遠に鎮座できるかといえば、それはわからない。

そう、わからないのだ。

けれど「左側の教え」はおそらく変化はしない。何故なら、右側の立場に立つ者達にとってはそれは「ないこと」であり、ないことなど変わりようがないからだ。けれどその「ないこと」を気づけた者達は……その普遍性に恐れおののきながらも、真の意味での「永劫」を知るのかもしれない。

それが、左側だ。

左は右よりも速い。そして見えない。「ない」のではない、「見えない」だけなのだ。

この第二部の主題は、「愛」である。

冠光寺眞法修行叙説として、今からできる限りそれを述べていこうと思う。非常に難儀な作業なれど、惟神即ち、左側の立場から……。

愛って、何だ？

では、そもそも「愛」とは何なのか？

確たる定義があるのだろうか？

師・保江邦夫は岡山の道場でよく

「愛などという軟弱な響きのある言葉を私が道場で使うものだから、今まで強くなろうとさんざん鍛えてきたあなた方には随分と情けなく聞こえることだろう」

と語ったが、私の場合は少し違った。軟弱と思う前に、情けなく聞こえる前に、まずはその「愛」そのものがよくわからないのだ。

「愛って、何だ？」

私は男である。だから妻も含めつき合ったことのある女に抱いた気持ち、それが愛だと言われれば、何となくわかる（気がする）。けれどもつき合っていたときでさえ、「愛してるよ」など口走ったことがない。そしてこう思った。「歌や小説、映画やドラマでは『僕は君を愛している！』などというセリフが横行しているが、口にしている本人達はわかって言っているのだろうか……」と（無論それらは全て作り話ではあるが）。

「君が全てだ」

「君のためなら死ねる」

嘘をつけ！　俺は嫌だ。何で他人のために死ななければならないのだ？　もしそうすることが愛なのなら、そんなもの要らない！
実は、今もそう思っている。
さて、女に対してもそんな私が、何が悲しくて……。武道において、普通相手は男である。その男を愛せよだってえ？

「ウゲエッ！　気持ち悪い！」

鳥肌が立ち胃液が逆流する。だから岡山で師の指導を受けていたとき、よくこう思った。「そうだ！　友情だ！　これなら、わかる！　男の友情と女への愛情は、違うのだ！」と。ところが師はさらに難題を突きつける。

「炭粉よ、それは間違っている！　愛に区別などない。女性に対する愛情も、同性に対する友情も、いや物に対してさえ、愛に変わりはない！」

「ウ……ウゲエエエ！」

それを聞いてまたぞろ、胃液が口に戻ってくる。

さておき、ではこう考えてみよう。

マザー・テレサは「愛の反対は無関心である」と語られたそうだ。ということは、愛とは相手に関心を持つことなのだろうか。

残念ながら逆は真ならずで、これは違うような気がする。けれども愛の反対が憎しみではないことは、その後少しずつわかってきた。おそらく、愛には憎しみが含まれるのだ。例えば、嫉妬。これは確かに憎しみだ！　そうだ！　どんな男だって、自分の女だと思っていた女が他の男に色目を使えば腹が立つではないか！

しかも……そう！　嫉妬は確かに同性間にも存在する！　例えば自分が尊敬する師がいたとして、その師が他の弟子にばかり気を向けていたりすれば、やはり嫉妬は起こる！　ということは、やはり保江邦夫が言うように、同性異性を超えて愛とはその根本は同じなのだろうか……。

しかし、いずれにしても厄介事が起こり嫉妬という憎しみの側面を見たときにだけ初めて愛は自覚できるものなのだろうか……確かに男だろうが女だろうが自分が関心を持たない者がどうなろうと嫉妬心など決して出てはこないのだから、やはりマザーの言われることも正しいことになる。

だが、「大事なものは失ったときにはじめてその大事さがわかる」とよく言われる。そしてこの言葉はその対象が人でも物でも通用する！　まさに保江邦夫の言うとおり、愛は単一なのか？　では、やはり何か不都合が生じ嫉妬を喪失感を持たなければ、愛は自覚できないものなのだろうか。

それとも、「考える」からわからなくなるのだろうか……。

愛は自我か?

しかしマザーよ、お待ち下さい。

愛の反対が無関心なら、相手に関心を持つという「逆」が何故成り立たないのか？

いや、本当は成り立つのか？

それを考える前に、一つ素朴な疑問も生じる。

愛には憎しみも含まれ、それが嫉妬であったとする。けれども……それって、思いッ切り「自我」

じゃないか!!

では、愛とは自我なのか?

だとすれば、私が第一部で述べたことが足元から崩れる。

確かに、仏教では愛は「渇愛」、即ち人に対する執着や物に対する所有欲の元と見なされ、最も根源的な煩悩の一つとされている。仏教の根本的な目標はこの渇愛を捨て物欲を去り、苦を生むいっさいから遠ざかることなのだ。だとすれば、やはり仏教でも愛は自我と見ているわけだ。

けれども(外戚がクリスチャンだったこともあり)幼い頃から教会に通っていた私には、どうもこの仏教でいう「愛」即ち「渇愛」がキリスト・イエスが説く「愛」とは異なるもののような気がしてならないのだ。どう異なるのかと言われても、それは長らくの間判然とはしなかった。

例えばイエスは「人を愛しなさい。お互いに愛し合いなさい」とは言うが、物に固執せよとは決して言わない。それどころか、「富める者はその富を貧しい者達に分け与えなさい」と説く。そして遂には「裕福な者が天国に行くよりは、駱駝が針の穴を通るほうがまだ容易であろう」とまで語るのだ。そんなイエスが執着を生む渇愛を説いているはずがないではないか。

だが、では彼が言う「愛」とはいったい何だ?

「あなたに妻が、夫がいるならそれを愛するように、またあなたに子供がいるのならそれを愛するように、隣人を愛し、そしてあなたを呪う者をも愛しなさい」

どうやらイエスのこの態度の中に、それを解くヒントがあるようだ。

それは「何を愛するのか」という愛の方向と、そしてその内容にこそおそらく、ある。そしてその両者が共に「見えざるもの」であることに、大きな鍵がある。


そう！　愛の対象は、実は見えないのだ。

イエスの愛

分析しよう。

まず、女がいる。そしてその女は自分の愛する（と思っている）恋人、あるいは妻であったとする。

では自分はその女のどこを（何を）愛しているのか？　体だ！　御意（笑）。

しかしこれはイエスの説く「愛」か？　否。何故ならそれは性欲の対象だからだ。

では顔だ！　これまた、御意。だがこれも違う。それは自分の嗜好だからだ。

故にこれらが対象だったとすれば間違いなく、その女が自分に不都合な動きをすれば、嫉妬や怒りを覚えるだろう。

わかった！　性格だ！　これもよく言われるところだ、御意。だが、性格は目には見えない。おお！　これこそ見えざるものか？

残念ながら、それも違う。何故なら、確かに性格それ自体は目には見えないが、その女の言葉や行動となって現れてしまう。またださからこそ自分はその女の性格を見抜けるのだ。よって性格は最終的には目に見えるものとなる。その性格が自分に合うか合わぬかが自分の嗜好に由来する限り、これをもってその女を愛していたとしても、不都合が生じたときには同じく嫉妬や怒りを伴うだろう。

体、顔、性格……それらを気に入るということはそれ故、「私の言う愛とはいえない」。イエスはそう言っているような気がするのだ。

何故そう思うのかといえば、彼が「富者は貧者に分け与えよ」と言っているからだ。つまりイエスは（この言葉の前提として）富者を決して否定してはいない。富者が貧者に分け与えないことを、否定しているのだ！　ここが重要なのだ！

イエスは物や貨幣即ち財産の価値を肯定している。つまり、目に見える物や嗜好を認めているのだ。だからこそ、その価値ある財産を、それを持たぬ者にも与えよと言っているのだ。もしそれら財産に価値を見出さぬのなら、そんな物をどうして持たぬ者達に与えよと説く必要があろうか。

イエスは、充分に理解していたのだ。富というものを所持したときに感じる、心の在り方を。だから、その心の在り方をこそ皆にも分け与えよ、と語っているのだ。そのとき、「これは自分のものだ。どうしてそれを他人に分け与えなければならないのか!」と思う心を「退けサタン!」と一喝し否定している。そう、その心こそ、自我に他ならない。

よく考えてみよう。貨幣に価値を付与しているのは人間の社会的都合であって、自我ではない。千円の価値は、それを所持する人間の種類によらず千円の価値のままなのだ。偉い人が持っている千円は一万円の価値になるなど、あり得ない。ずっと千円のままだ。ここに注意を傾けなければならない。

けれども、人は分け与えることができない。何故なら、自我があるからだ。そしておそらく……その自我を滅することができ、富者が貧者に富を分け与えようとするときに立ち登る境地こそ、彼の説く「愛」なのだ。事実、キリストが説いた「愛」はその後ローマ帝国の国教となったキリスト教においては「カリタス」というラテン語で呼ばれていたが、このカリタスは後に英語における「チャリティー」の語源となっている。まさに富者が貧者に富を分け与えるときの境地なのだ。

それはまさに目には見えず、そしてその価値は所詮人間が自身の都合で約束事として定めてある貨幣の持つ価値を遥かに超えたものであって、しかも見えざるものであるが故に、その価値は奪われることなく不動なのだ。

人が定めた価値を持つ貨幣、それを分け与えようとするとき、動く貨幣の前に動く見えざる「価値」。

これを、先ほどの女の例に当てはめてみよう。

財産を分け与えるときと同じく、その女を（死別、あるいは他の男に寝返って逃げられるなどして）失うときには凄まじい悲しみや怒り、嫉妬などを伴うだろう。けれどもそれを認めあるいは許し得たとき、その女に感じていた価値が何であったのか、その真に見えざる価値を知ることになる。このときにこそ、自分はイエスの言う「愛」を思い知るのかもしれない。

何故なら、体や顔、性格などの見える部分の喪失感は怒りや嫉妬、悲しみという自我の感情に変化《へんげ》していたからだ。従ってそれら見える部分の喪失感が（認め許すことによって）去った後にいまだ残る「何か」こそが、価値の本質だったと知るからだ。それは人間が与えた貨幣の価値に対し、神が与えた女の価値だったに違いない。そしてその価値を、イエスは「愛」と呼んだのだ。

だから、「許しなさい」と言ったのだ。そうすることで、愛を知れと教えたのだ。

関心とは？

こうやって考えていくと、キリスト・イエスの説く「愛」とは、明らかに渇愛ではないことがわかる。けれどもそれを理解するには、やはり渇愛の洗礼を経なければならなかったのだ。何故なら愛を確認するために必要だった独占欲やその裏側である嫉妬など、自我の暗黒面を経験しなければ、その「愛」を自覚することが難しいからだ。

ただし、それを経験しなくとも自覚は不可能ではない。例えば長年、そして死ぬまで平穏なる生活を続けることができた夫婦はお互い自分の死の前につくづく思うことだろう、自分の愛が疑うことなき真の愛であったことを（おお、何と幸せなことだろう……）。その段階でいったい誰に対して独占欲を、嫉妬を主張しなければならないというのだろうか！

だが、この独占欲を生む最初の一撃とは、相手に対する「関心」なのだ！　先述したが、関心を持たない相手などに誰がかかる心の推移を持つだろうか。

そうだ！　たとえその後に自我のおどろおどろしさが待っていようとも、その果てにイエスの言う愛が発現する限り、まさしくマザー・テレサがおっしゃるように、この「関心を持つ」ことこそ、その愛への道の扉なのだ！　そして自我の洗礼の後に真の愛が発現するというのなら、既にこの段階でその因子が含まれていることになる。桜の木からチューリップの花が咲くことはあり得ない。

ところで、この最初の一撃である「関心」は、自我ではない。よく思い出してみよう。それが異性であれ同性であれ、あるいは物であれ、「おや？」とふと気を留めた瞬間があるはずだ。その瞬間に自我が入り込む余地は、ない。それが証拠に、その対象物に気を留めた理由について後から言葉や文章で表現しようとしても、なかなかうまく語れないではないか。そして冷静に考えれば考えるほど、「あれ？　何でかなあ……」と思ってしまうことも多々ある。いや、たとえうまく表現できたとしても、である（例えば「俺は美人が好きだ！　だから彼女に関心を持ったのだ！　どうだ、俺の彼女は綺麗だろう」というように）。ここに実に神秘的な現象が先行していることに気づく。

それは「何故その対象物に出会ったか」だ！

出会いを自我が演出することなど、決してできはしない！　それは例えば、人から驚かされずには自ら驚けないことと似ている。

そうだ！　必要なのだ！

驚かす役目である「人」にあたる「何か」が……。そしてその「何か」は、実在する。

関心を持つということ

その「何か」とは何か？

それは「必然」という名の見えざる摂理である（なお、この「必然」は「偶然」という俗名を持っている）。

むろん、それがなにがしかの現象を起こしたとき、その事後に私達は五感を通してその出来事を認識する。ただし、五感は既に第一部で述べたとおり、脳による操作の後で意識に（手の加えられた後での）情報を提供する。従って、その出来事が起こると同時に、その出来事をそのままに認識できない以上、私達が（ましてや）その出来事を起こさせる、つまりその出来事が起こる直前の摂理など、逆立ちしても認識などできないわけだ。

ここで注意されたい。私が言わんとすることは「予想」ではない。予想は予想でしかなく、予想とは違う出来事が起こることなどザラだ。しかしこの摂理とは必ず起こることを導くもので、ハズレなどない。

さて、最初の一撃……「おや？」と関心を示す意識……しかし、である。そもそも私が合気に対する仮説を立てた際に参考にさせて頂いたベンジャミン・リベット博士の報告を思い出してほしい。

私達が何かをしようと思い、例えば「お茶を飲もう」と思って湯呑みに手を伸ばすとき、実はその0.5秒前に脳が無意識下でその腕を伸ばす準備をし、その準備が完了した（0.5秒）後になって初めて、意識に「お茶が飲みたい」との希望を生じさせるという実験報告である。もしこれが事実だとしたら、私達はそんな基本的な欲求でさえ、まずは自分の意識の及ばぬところでの決断をあおがなければならないことになる。まあ、無意識とはいっても自分の脳みそである。自分の判断には違いないが……。

とすれば、当然「おや？」と意識するのは、無意識が意識にそう思わせようと準備したからだ、ということになる。けれどこの無意識、なにせ意識が「無い」わけだから、その判断基準は通常私達の意識ではわからない。少なくとも自分の意識で「いいなあ」と思っていない以上、これは自我意識が発生する前の「真の今」に近い所での判断であるといえるだろう。

故にその出来事を起こした摂理と、それを感知し関心を持とうとする無意識は、時間的に極めて近いものであると考えられる。このときにはまだ私達がその出来事を認識していない（言い換えれば「見ていない」、否「見えていない」）時点であるが故に、まさに自分にとって網膜が鏡として映し出した真実即ち惟神の時点での情報を基に判断されたものだけに、それは（意識という人智を超えているという意味で）「神意」と呼べるものなのかもしれない。

まさに惟神だ。

そしてキリスト教が説くように「神は人類を愛している」のだとすれば、出会いや気づきとは……「これは私の意に叶《かな》ったものである。これに聞け」と神が示したというキリスト・イエスの愛による判断そのものを指しているのかもしれない。この理解に従えば、確かにマザー・テレサの言葉は真実として受け止められもする。

「関心を持つ」ということは、まさに神意なのだ。ということは、その子イエスの愛なのだ。よって「無関心を決め込む」ことは、イエスの愛を拒否することになる。

いずれにしても、「関心を持つ」という行為に対して意識に上ってきた判断理由は既に、(脳により操作された世界観を基準にして)意識という自我により後付けされたものばかりであって、正鵠《せいこく》を得ない「言いわけ」に過ぎないのだ。これはまさに、合気の術を学ぶ際の解説とよく似ている。

合気の術は、動き方には、ない。だがその術が成功した後で、それを体の動かし方、つまり技に求めるのと同じだ。体の動かし方は後付けであり、術が成功した「言いわけ」に過ぎない。

無関心とは？

その「言いわけ」の中にこそ、マザー言われるところの「無関心」が、ある。

私達は何かに関心を持つ場合、それは大概一つの者（物）に集中する。ということは、多数の事象から取捨選択していることになる。一つに関心を寄せるという行為は、その他の物事を捨てている行為に等しい。だから「捨てる」とは「関心が生じない」、つまり「無関心」となるのだろうか？否。何故なら、この取捨選択の判断は先述したように、無意識下で決定されているからだ。マザーの言われる「無関心」とはおそらく、それを無意識が私達の意識に見せる決定をし、それ故に現実に意識に見えているにもかかわらず、見えない「ふり」をすることだと思われるのだ。

どなたにも御経験があろう。たとえば電車に座っているとき、近くに老人が立っている。その際に席を代わってあげ「たくない」ために（「自分も疲れているのだ」などといろいろと心の中で理由をつけつつ）気づかぬ素振りをとおすという、あれである。だがこれは不思議なことに……これもどなたにも御経験があろう、そのような事態の際に自分でもビックリするくらい迅速かつ素直に体が動き、サッとその老人に席を譲り喜ばれるという経験。

仕事柄私はよく電車やバスを利用するが、このような状態のときにいつも不思議に思っていた。つまり立っている老人に対して座っている人が席を譲る行為を目撃する場合、考えた素振りを見せてから譲る人はいない。そういう素振りを見せた人は、結局譲らない。そしてそのうち、本を読んだり寝たふりを決め込んだりするのだ。

しかし譲る場合は、間髪がない！　老人の姿をその人が認めたと同時にスッと席を譲るのだ。

前者が、マザー・テレサの指摘する「無関心」、そして後者はマザーの行為と（軽重の差はあれど）本質的に同じ行為であると言えるだろう。

マザーは、目の前に体からウジをわかせて路上に倒れている人を認めたと同時に、即ち意識が「汚い」「見たくない」などと言いわけを始める前に、その人の介抱を始めた。これを彼女の言う「関心」だとすれば、確かにこれこそ「愛」だ！

「愛」とは、何か？

それはまだ、ハッキリとは言えない。

だが、どうやらこれだけは言えそうだ。

「愛」は、言いわけをしない。「無関心」を装わない。即ち……。

「愛」は、速い！

だからこそ、マザーにはできた。自分よりも遥かに大きな男を二人も、非力な女性である彼女がひょいと担ぎ上げることが。

合気は、ここに在る。

保江邦夫 vs. 炭粉良三、その戦いの真相

さあ！　では今まで語ってきた論を保江邦夫の術に落とし込んでみよう。

平成二十年七月某日、場所は岡山市野山武道館。

それまでも何度となく合気系の摩訶不思議なる技とやらを潰してきた私は（実際、全力で打ち合い引き分けたボクサー坪井との勝負の、それらは千分の一の手応えさえなかった故、他流試合をしたという気にもならなかった）、どうせ今目の前であらぬ方向に虚ろな目を漂わせているこの保江邦夫なる人物の合気技とて似たり寄ったりであろう、と完全に見下していた。ただ、その数ヶ月前

に地元の神社で既に受けた合気上げと突き倒しには、一応の敬意は感じていた。

だが、あれはあくまで状況を固定した（空手で言うところの）約束組手に過ぎない。その不思議な技を自由攻防において発揮できるかどうかは、別問題なのだ。そう思って、手加減無用で（ただし敬老精神からできるだけ、苦痛は大きいが肉体の損傷度は軽いアウトローキックにて一撃で仕留め、早く決着をつけてあげようとは考えていたが……）臨んだ。

はじめの現象は、よく覚えている。彼の姿が消えたかと思うと突然自分の前に現れ、にもかかわらず私は右アウトローを（もはや誰もいない空間に）振っていた。そのローが振り終わる前に彼の掌底《しょうてい》が自分の脇腹に触れたかと思った瞬間、私は宙に舞っていたのだ。

この現象は、今となれば（自分では）よくわかる。つまりこうだ。

合気の状態になった保江の網膜は、まさに鏡そのままの状態となる。その鏡にリアルタイムで映される私の行動を私自身が認識する前に、だから彼は動ける。これは行動のスピードが速いという意味ではない。時間にズレが生じているのだ。おそらく彼はただ歩いて私に近づいただけに違いない。ところが合気の状態となり何の敵意や目的など（つまり意識的な）行動を伴わない保江の歩みを、私はリアルタイムに捕捉できない。そして近づいた保江の姿を慌てて脳が処理しようとするとき、先のリベット博士の報告（例えば指を机に打ちつけて痛みを感じるとき、さも打ちつけると同時に痛みを感じているように思うが、実はその痛みを感じる処置のために0.5秒を要する。そして脳は何とその所要時間を消し、打ちつけたと同時に痛みを感じたように捏造する）にもあるように、帳尻合わせのために急に接近した保江の像を私の意識に伝達するのだ。

だから接近してくる間の像が、欠落する。私の目（意識）には、まるで彼が瞬間移動したように思われるのだ。

瞬間だから、彼が私のローの間合いに「いた」ときと私の近くに「現れた」ときに、私の意識内部における時間差はない。だから、ローを振ってしまう。これはもはや、「よける」だとか「かわす」だとかという次元の話では、ない。

一方、保江から見れば私の動きは止まっているか、または非常に遅く見えたことだろう。だがこれは正確な言い方ではない。何故なら、前にも触れたが、この網膜＝鏡の状況下では、映された像が電気信号となり視神経を経由して視床下部に運ばれ、経験値などから取捨選択されたあげくに意識に認識される遥か前の出来事だからだ。だから、彼は見えていない……はずなのだ。

ところが、である。現実として私の動きに呼応し、結果としてローを外すと同時に掌底を入れてくる行為を、それでは何故（見えていない）彼が可能なのか？　後に保江はこう述べている、「変な言い方に聞こえるかもしれないが、自分は自分の行動も含め、どう動くかなど考えずに全ては神様に任せてしまう。だから自分の行動に意図は全くない。けれども炭粉の姿や動きは見えていた。凄くスローテンポに……」と。

この保江の言葉から、わかる。おそらく鏡の状態となったときにも、やはり見えるのだ！　私の時間に先行し（というより、常に過去を認識するしかない私に比べ）リアルタイムに動く保江との時間差から醸し出される見え方の違いを伴って……。

だが、これは明らかに、通常の神経伝達と脳による情報処理によって見える見え方では、ない！

私は、この特殊な「見え方」を、実は他にも知っている。

経験なくして認識なし

人は、自らが経験したことのないものを見ることはできない……。

以前、心理学者濱野恵一博士の『脳とテレパシー――あなたの脳には巨大な力が潜んでいる――』（河出書房新社）を読んで、私は大きな衝撃を受けたことがある。第一部「覚美の章」にて「見えるとはどういうことか」を問題にしたのも、この本を読んだことがその遠因になっている。

白人達がその昔、南の島々を巨大な帆船にて訪れた際、島民達は自分の経験の中にそのような大きな船を見たことがなかったが故に、海に停泊するその帆船を見ることができなかった……その他の例も合わせて、濱野博士の書かれたこの部分を読んだ私は仰天した。そして後年、さらに濱野博士が例に取られたこの事態を報告している別の文を読む機会に恵まれた。

欧州に戻った白人船乗り達は島民が帆船を見ることができなかったことを報告、そして学界は騒然となる。そこで、ある実験を行うことになった。帆船の船体に大きなバナナの絵を描き、その島々に赴こうというのである。すると……島々に船が近づくにつれ、島民達は船の姿は見えないものの船体に描かれたバナナの絵には鋭く反応した！「何故バナナが海に浮いているのか」との疑問はさておき、彼らは次々に海に飛び込み、そのバナナを取ろうと泳ぎだしたというのだ！

つまり、バナナは島民達の好物であり、もちろん彼らがよく知っている物だ。だから、経験値にない巨大帆船は見えないままだが、そこに描かれたバナナの絵だけは（無論彼らにはそれが「絵」だとはわかっていなかった。本物のバナナに見えたのだ。そんな巨大なバナナの絵というものも、彼らにとっては経験値にないもの故に）しっかりと見えたということになる。

だがこんなこと、にわかに信じられようか！

けれども、これらの報告文や論文が嘘だとも思えない。白人達は、いや白人達のほうこそ、さぞかしこの事態に驚いたはずだ。

私も、大いに驚いた。

さて、ではこれが事実だとすれば、私達は今までに経験したことのないものは決して見えないということになる。だが、「見えない」ことと「ない」ことがイコールではないことが、濱野博士の著書や報告文から判明する。

そう！　私達はまさに、見えているものが全てであると日頃信じて疑わない。

けれども、見えていないものが……厳として存在している可能性を、上記の報告が指摘している。

私達がただそれを「経験したことがない」という、誠に単純にして明瞭な理由故に。

私達現代人は、私達が生きるまさにその「現代」においてさえ……かかる現象の好例を少なくとも一つ、知っている。

UFOだ！

UFO、この不可解なるもの

UFO……Unidentified Flying Objectの略、即ち未確認飛行物体のことである。

先ほど「現代」と言ったが、このUFOの歴史は実は古い。旧約聖書の中にも「これはどう見てもUFOのこととしか考えられない」と思える箇所があり、また我が国でも古い文献にそれらしきものの目撃談が出てくる。さらに現代でも実におびただしい目撃談やその写真、動画が存在する。だがそれにもかかわらず、いまだにUFOは一般的には「見間違い」と説かれ、私達人類にとってそれが「実在する」とのハッキリした共通見識は今のところ、ない（ただしそれが「宇宙人の乗り物」との見解を外し、なにがしかの文字どおり「未確認飛行物体」としての原義を踏襲するものとしては、徐々にではあるがそれが実在するとの見解は浸透してきている）。

私事で申しわけないが中学生時代、私はいわゆる天文少年だった。特にシーイングが良くなり星が綺麗に見える秋から冬にかけての夜、晴れさえすれば（今もってあまり物欲がない自分にとっては珍しく親にせがみ買ってもらった）宝物だった高橋製作所の口径十六センチ反射赤道儀を家の屋上に設置し、星座早見版を片手に熱心に飽きることなく夜空を、そして宇宙を見上げた。いっしょに持って上がったラジオからは、よくポール・モーリアの「エーゲ海の真珠」やミッシェル・ポルナレフの「シェリーに口づけ」などが流れていたっけ……。

いや、申しわけない！　ついつい思い出に浸ってしまった。話を戻そう。

さて、雨の日は『天文ガイド』や『天文と気象』などの天文雑誌の中に掲載されている天体写真を見て悦に入り、晴れれば必ず星を眺めるという生活をしていたにもかかわらず、その頃に私は一度もＵＦＯを目撃したことはなかった。また、それら雑誌に投稿されてくる天体写真の中にＵＦＯが写ったものも、なかった。その頃、ＵＦＯに対する学者の定番の説明が、以下のようなものだった。

「私達天文学者は世界中に大勢いる。その私達が毎日毎夜星を見ている。その私達が、ＵＦＯを何故見ないのだろうか。もしそれが実在するのなら、私達の誰かが見るはずだ。あなた方はＵＦＯを見たと言う。そしてその写真なるものもあるが、その真贋云々よりも……逆に私達はあなた方に問いたい。何故大勢いる私達専門家にはそれが見えないのかを」

確かに、おっしゃるとおりである。科学者や専門家ではないが、自分にも見えない、見たことがない。これだけ毎夜、星を眺めているというのに。だからこの頃の私は概ね、学者達の説明を受け入れていた。

何も、ＵＦＯを見たかったわけではなかったのだ。

ただ、美しい星々を見ていたかった。そして広大無辺の宇宙に思いを馳せ、様々な天体を見ていたかっただけだった。だからＵＦＯなどよりは、火星の運河や土星の輪のカッシーニの間隙、木星のガリレオ衛星達、それにアンドロメダやオリオンの大星雲（といっても両者は全く異なるものです。知っております、昔から。突っ込まないで下さい・笑）そのものに興味を惹かれるタイプだった。

つまり（お叱りを受けることを覚悟で敢えて言えば）この頃の私は、学者達とある意味同じ見方、眺め方をしていたことになる。

後に詳しく説明するが、だから見えなかった。

そう、だからこそ、見えなかったのだ！

やがて……それから五年後の二十歳の大学生のとき、私はとんでもないものを目撃する！

まさに、ＵＦＯ即ち未確認飛行物体を……。

そして、見た！

忘れもしない、あれは大学一年生も終わろうとする、春。

当時私は一ヶ月に渡るインド放浪の旅を終え、無事帰国してまだ間がなかった。けれども帰ったら帰ったで、いつものように昼間はバイト、そして夜ともなれば友人宅にて徹夜麻雀を打っていた。その夜は皆少々疲れぎみだったので、夜中の二時頃に麻雀はお開きとなった。その頃は六甲山の中腹に住んでいたので、その友人宅から石の階段（約百段ある。よく訓練に使ったものだ）を登り切らなければ自宅には戻れなかった。その階段を一気に走り登った。そのとき、てっぺんでふと振り返った。そこからは東神戸から阪神間そして大阪から遥か泉州まで、つまり大阪湾をぐるりと巡る美しい夜景を見ることができたからだ。自分の、お気に入りの場所だったのだ。

すると、何やら自分の右上空に楕円形の光がゆっくりと現れた。その日はあいにくの曇り空で、星は出ていなかった。その光は見かけ上、ちょうど満月と同じくらいの大きさに見えた。だが楕円形なので、月とは違う。また、曇り空故月は見えないはずだ。

「ははあ、街から投射されるサーチライトが雲に反射しているな」

はじめはそう思った。しかし、何だか様子がおかしいのだ。普通サーチライトというものはグルグル回ったり、行ったりきたりする。ところがその楕円形の光は真っ直ぐ、雲の中を進んでいくのだ。しかも、非常に遅い速度で。

この段階で私はまるで魂を奪われたかのように、じっとその光を目で追っていた。そして今度は、こう思った（いや、思おうとした）。

「そうか、飛行機かヘリコプターが雲の中を飛んでいるのだ。そのライトが雲を中から照らしているに違いない」

だがしかし深夜であるにもかかわらず、いくら耳を澄ましてもいっさいの爆音が聞こえてこない。ここに至って、私の両足はガタガタと震えだした。これは……サーチライトでも飛行機でも、そしてヘリコプターでも、ない！

その光は大阪湾上空を西から東へと斜めに直線でゆっくり移動し、やがて左側の視界を遮る尾根の山陰に隠れた。その刹那、私は思わず耳を塞いでその場に伏せる！　火球（隕石の大きなものを、こう呼ぶ）だと思ったのだ。だからそれが地面に衝突し凄まじい衝撃音を出すだろうと想像した。あんな規模のものが阪神間に落下すれば、被害は甚大になろう……などと思いながら。

だが心のどこかで、こうも思っていた。

「しかし、火球にしてはスピードが遅過ぎる。しかも、燃えている風ではなかった……」

耳を塞ぎ伏せた状態で、やがて数分が過ぎた。

何も起こらない。何も、聞こえてはこない。

突き上げられるように、その場に立ち上がった！　そして、叫んだ！

「UFOだああーーッ!!」

そうだ！　あれが世に言うＵＦＯに違いない！　もう成人していたにもかかわらず、今が深夜であることも忘れ、私は大声で叫びながら走って帰った。そしてとっくに寝ていた両親を叩き起こし、窓からそれが通過した辺りの虚空を指差した。

私のあまりの血相に両親は「嘘つけ！」とは言わなかった。しかし明らかに迷惑そうな顔で再び寝てしまった。無理もない。もうそこにはＵＦＯの姿などなかったのだから。だが……。

諦め切れずにしばらくその曇り空を見ているうちに目が慣れてきて、よく見ると確かに何かがそこを通った跡のような筋が、雲間にできているのがわかった。

巨大な……それは誠に巨大なＵＦＯだった。そしてそれが私にとっての初目撃となる。

後年仕事で夜に異人館で有名な神戸市北野町を訪れたとき、やはり六甲山上空から西神戸上空にかけてジグザグに飛び回っているＵＦＯを見ている。地球の乗り物では、あり得ない飛び方と速度だ。ひとしきり飛び回った後、北の方角に飛び去ったが、このときには道行く人達に声をかけたので、足を止めてくれた方々数人と共に見ている。これが二回目の目撃で、今から七年ほども前のことだった。

しかし残念ながら、このときにはもう、あの初回の圧倒されるような感慨はなかったのである。

見えるということ、見えないということの狭間

私のUFO目撃譚は、およそこのようなものであった。

だがここで、「経験」とは何だろうか?

濱野博士の報告されるように、普通私達は「経験したことのないものは見えない」はずなのだ。確か先生の『脳とテレパシー』に出てきた話だったと記憶するが、人生の途中で視力を失った人が後に回復した場合は、今までに見た経験のないもの(この報告例では、ある機械だった)は見えないものの、それを手で触ることにより見えるようになったとあった。つまりその対象物が機械であれば、それを見たことがなくとも触覚によって形を学べば、機械であるという知識から脳が類似の概念を(かつて目が見えていた頃の記憶のストックから)引っ張り出し、像を結ぶことが可能だと考えられる。

思えば私達は赤ん坊の頃、何でも触ろう、口に入れようとしてきた。それらがまだ未知のものに対しての非常に重要な学びだったのだろう。つまり必死に「経験」を積もうとしていたのだ。その対象物を「見る」ために。

だが一方で、やはり下記のような例も報告されていた。

生まれつき重度の白内障の患者がいた。白内障とは眼球の水晶体（レンズにあたる部分）が白濁する病である。それ故その人は光は感知できたが、物の像を見ることはできなかった。ところが医学の進歩により人工のレンズを入れて白内障を回復させる手術が可能となり、彼にその手術を施したところ、誠にお気の毒なことに彼は像を見ることができるようになるどころか、今まで経験したこともない強い光が飛び込んできただけであった、と。つまりこの患者の場合は「見えていた期間」がなかったために、脳が引っ張り出してくるべき記憶のストックが、なかったのだ。だから、いくら触っても像にできなかった……。

やはり、見えないのだ！
経験が、要るのだ！

だが、それならば何故、私はＵＦＯを見ることができたのだ？
いや私だけではない、ＵＦＯを目撃した人は皆、何故それが見えたのだ？

言うまでもなく、ＵＦＯとはトップクラスの未経験マターのはずなのだ！

それでも、見える！

私が保江邦夫との勝負のところで指摘した彼の「見え方」とは、実はこのことだ！

言うまでもなく、私はＵＦＯなど触ったことも学んだこともない。ただし、絵や写真を見たことはあった。だがその程度のことが「経験」になるとは思えない。もっと根源的なものが必要だと思うのだ。しかし、「それでも充分『経験』になる」との御指摘があれば、そうなのかもしれない。

ところが、私の言いたいことは少し違う。

私達の地球にはこれほどたくさんの人間がいるというのに、そして天文の専門家も大勢いるというのに、いまだにＵＦＯを見たという人はマイノリティのままなのだ。

ＵＦＯの専門誌（私はあまり好きではないが……）などにはよく「見える人には見える」と書かれている。もしそうだとしたら、「見える人」と「見えない人」の差は、何なのだ？

実は、私は自分がこれを見たのが（天体自体を見たいと欲し、あれほど熱心に毎日夜空を見上げていた天文少年時代に、ではなく）、インドをさすらった後であったことが非常に大きな背景としてあると思っている。

「大人には見えない」

これは宮崎駿氏の「となりのトトロ」である。しかし私は大昔（それこそ小学校低学年の頃）、もっとトンデモない物を実は見ているのだ！　それは、「こびと」である。

家の近所に立っている（当時は木製だった）電柱の根元に生えている雑草の陰に、その雑草よりも小さいこびと達がいたのだ！

「良ちゃんは感受性が強いからねえ」

と、近所のおばちゃんは笑った。

「夢でも見たのだろう」

と、親達は言った。

夢だと言われれば、なるほど夢だったのかもしれない。今となっては、それはわからない。

だが、見たのだ！

これだけは今でも、断じて譲る気持ちはない。

真なる風景

しかしだ。夢ではなかったとしたら、どうだろう。

「そんなバカな話があるか！」

そのとおり。そしてその「考え」こそが、全ての「真実」（注：「真実」は「事実」とは異なる）を見えなくしている「右側の教え」なのだ！

「左側の教え」とは、著作によって私にそれを教えて下さった近藤孝洋氏が同じくその著書『極意の解明――一撃必倒のメカニズム――』（愛隆堂）で言われるところの「過去への回帰」に、そのヒントがある。
私達は皆、赤ん坊の頃は何の「経験」や「知識」もなかった。だからこの時点で物は見えないはずなのだ。それにもかかわらず、赤ん坊の顔を覗き込むと、笑ったり泣いたりと反応する。さらに、ハイハイをしながらでも何かに気をとられると、それを触りに行く。初めての物にでもだ。否、初めてだからこそだ。

つまり、見えているのだ！

無論それがどういう見え方なのかはわからない、というより私達は皆それを忘れてしまった。(生まれつき視力障害を持つ人を除けば) 誰しも必ず経験したはずの見え方なのに、である。その忘却は学習によって起こる。触ったり味わったり、つまり五感で学習することによって「それ」が何かを学んだとき、「それ」の形や色、質量などを把握していく。そのとき、そもそも「それ」に気づかせてくれた「見え方」を放棄するのだ。
こうして新たに構築された「見え方」は、その後どんどん人や動植物、物に対する「認識」を生み、やがて直立して歩けるようになれば移動範囲が広がり、さらにその認識が増加するだろう。なお、『合気修得への道――佐川幸義先生に就いた二十年――』（合気ニュース）において、赤ん坊がどうやら立った頃から人間の非物質的システムが作動し始めるとの、その著者である木村達雄先生の御指摘は誠に興味深い（このシステムを切ることが合気だとする木村先生の御説明に関する私見は後述）。そして、学校での「勉強」、そして親などからの「指導」が（このような言い方がもし許されるのなら）トドメを刺す。

勘違いしないでほしい。これらの経過を批判しているわけでは決してない。何故なら人が社会的文化的な動物である限り、このような経過は必要だからだ。これらの教えは「右側の教え」だが、まさにそれらはright（右側／正しい）なのだ。

だが、そのために私達が捨て去ったものがあると、そう言いたいのだ。

赤ん坊が何も経験しないうちに見る「見え方」はおそらく、それでも（体験や知識はかなり増えたとしても）大人に比べて圧倒的に社会的常識や経験の劣る子供の頃には、まだその能力のわずかでも残しているのだ。

だから、子供にはトトロが見える（大人には、見えない）！

そして幼い私には、こびとが見えたのだ！

なまじ……様々な宇宙や物理に関する書物をワクワクしながら読みあさり天体望遠鏡という利器を手にした私は、まだ少年であったにもかかわらず、その見え方を忘却の彼方に押し流してしまったのだろう。

だからこの頃、決して見えはしなかったのだ！

ＵＦＯが……。

愛と愛魂

保江邦夫が合気状態となって私の動きを見た様《さま》。

赤ん坊が経験せぬ物を見た様。

私がこびとやＵＦＯを見た様。

これらはおそらく、同じ見方・見え方だったのだ。

網膜に映った象を電気信号に変え、視神経を通って視床下部に運ぶ。それを基に脳が経験値に則してその情報を作り（変え）私達の意識に落とす。その、通常のプロセスを踏まぬ「見え方」。

インドで何があったのか。それは、ここではまだ語らないでおこう。ただ、確かに……あの国をさすらい、私の人生観はガラッと変わった。その直後の目撃だった。

いや、それを言うなら……私がインドを旅することができたのは、その二年前にテレビで神父エスタニスラウの修行する姿を見たおかげなのかもしれないのだ。

彼はブラウン管を通してまで、いったい私に「何」を伝えたのか？

自分には、まだわからない。わからないが、わかっている！

この感覚は、何だろう？

それは多分、「右側の教え」即ち普通の見方ではわからないものが、「左側の教え」即ちかかる見方ではわかっているのだ、既に早く。

右側とは左脳が、左側とは右脳が、それぞれ担当すると言われる。それが、関係しているのだろうか？

いや、やはり考えたってわからない。

「打とうとするな、打て！　わかろうとするな、悟れ！」（ブルース・リー）

変な言い方に聞こえるかもしれないが……、そんな気配がするのだ。

それが、「愛」なのか？　だとしたら、何故そう思う？


私達は、愛の結晶として生まれてきたのだ、多分。

それは単に両親の、という小さなものではない。両親は、その巨大な「何か」の、入口・出口に過ぎない。だが、「愛」を帯している！

その奥に……もっと大きな、大袈裟に言えば「宇宙の摂理」の愛が結晶したからこそ、私達は生まれた。そして両親も、結果としてそれを帯びる。


だから、見た。

だからこそ、見えた。

経験なく、思考なく、自由に。

生まれた、刹那から。

このとき、「愛」が共に、在ったのだ。

仏教では愛を渇愛とし、煩悩の根源とする、と書いた。だがその仏教でも、この境地を説いている。言葉が違うだけだ。

それは、「空」！

そうだ！　真の愛は、執着を生む「渇愛」などでは、ない！　その執着こそが、無関心を装わせるのだ！

執着をいっさい離れたとき、即ち空なるとき、はじめてそこに「在る」ものが見える。

それが、イエスの説く愛なのだ、おそらく。

私達は赤ん坊のとき、まさしく「愛」を見ていたのだ！

愛は、速い。

愛は、無時間だ。

それは私達の網膜が鏡、即ち覚美そのものとなり、いっさいの脳判断が介入しない代わりに、自分の中心に在る「神性」が見える。

これが、惟神《かんながら》だ。

そうだ！　きっと、神とは、愛なのだ。故に、ただ愛のみに身を委ねるとき、その状態こそが、惟神なのだ。


木村達雄先生は、「合気とは、その人間に備わる非物質的システムを切る技術」だと言われた。そのとおりだと私も思う。

我が師・保江邦夫はそれを達成するために、自我を捨てた。自分の脳を初期化したとき、そこに「愛」が在ると知った。

自我は、遅い。

意識は、もっと遅い。

だが、もう一度言う、

「愛は、速い！」

覚美（鏡）と化した己の中心に映り繰り広げられる、自我に支配された者達の遅い動き。それが私と相対したときの保江邦夫の見え方だったのだ。

「愛」から、動く。
相手の「愛」が、それに応える。

それ故に、どうして抗い合うことがあろうか。

このとき、木村先生が言われることが起こる。

非物質的システムは、まだ作動しない。

「切る」と言うよりも作動する前に、至るのだ。
協調が始まり、調和が生まれる。
「勝った」も「負けた」も、ない。

保江邦夫は、まさに愛を見たのだ！　だからそれを、こう呼んだ。合気を、こう呼ぶようになった。

「愛魂」！

故に……初期の頃、岡山に集った保江門下はその八割がＵＦＯの目撃者だったという。

我が妻も、これを見ている。

おわりに

合気のステージ、惟神の状態について、二部にわたり述べてきた。この境地こそ、おそらく私達合気追究者にとっての目的地であるとの我が仮説に則って。

ここでもう一度、「はじめに」で書いたスタート地点に戻ってみよう。最近発見したこと、つまり合気上げの際たとえヤラセで「立ってやろう」としても、足の筋肉に使用感がないところに見いだした合気とは、何か。

ヤラセで「上がってやろう」と思ったとき、それはその0.5秒前に無意識段階で既にその準備が終わっていることを意味する。ところで、では何故「上がってやろう」と自分は思ったのだろうか。ここに「愛魂」の神髄がある。マザー・テレサ言われるところの「関心」、その最初の一撃。そしてその気持ちを生む無意識の下では肉体的苦痛（使用感）を伴うはずの動きでさえ、それが消えてしまうのだ。

ここに、人間本来の習性がある。

ちょうど私がこの後書きを書こうとしていたとき、吹田市に住む私の患者が書いた文が、朝日新聞の「ひととき」という小欄に載った。小松孝子さんという、八十を越えた女性である。彼女は九十になる夫の介護に関し、息子が遥か昔に取ったある態度を思い出し、それを感慨深く謳っている。全文を抜粋しよう。

＊＊＊＊＊

「心まで軽くなれた」

「眼鏡が合わなくなった」と言いだした夫に、近所の眼科を受診することをすすめた。

夫は九十歳。近頃体が弱り、家では歩行器で外では車いすで移動している。家の周りは坂が多く、私が連れていくのは難しい。そこで息子が休みをとって付き添ってくれた。

息子に押してもらう車いすが何ともうれしかったようで、その日の夜、夫が語りだした。

「帰り道の坂道がとってもきつくてなあ、息子が少しでも楽に押せるように腰を浮かせたくなったよ」

夫の目には涙が浮かび、タオルで顔をゴシゴシとこすった。

その昔、同じようなことがあったっけ……。

息子が三歳のとき、足にけがをして通院することに。ひもでおんぶをして病院に向かう途中、息子が私の肩に両手をつき体を浮かしているのに気がついた。

「なんでそんな格好するの」と私はつい叱り口調できいた。

「おかあちゃんが重いだろうと思って、少しでも軽くしてあげようと思ったの」

息子は半べそをかきながら答えた。

その息子も五十三歳に。老いた夫と息子、若かった私と息子。半世紀経ってもお互いを思いやれてうれしい。


（大阪府吹田市 小松孝子 主婦 八十一歳）

朝日新聞平成二十四年九月二十六日朝刊より抜粋

＊＊＊＊＊

如何だろう。

合気上げ、否、愛魂上げそのものではないか！ 私はこの文を目にして読んだとき、そこに浮かんだこの親子が織りなす時空を超えた風景に、ただただ感動した。

「気（無意識）が合う」ことにより苦痛（抗いやぶつかり）が消滅する、その平和協調の世界へ、「愛」

という立場から至った保江邦夫。無論ヤラセと非ヤラセとの間には深い溝が存在する。だが果たしてそれは「本当に深いのだろうか？」、そう保江は私達に問うているのだ。

私は、佐川幸義宗範とお会いしたことはない。そして大東流門下でも、ない。だから私がこれから言うことなど、偉大なる宗範に対しては単なる戯れ言と御理解頂きたい。

私が想像させて頂くに、宗範が警戒されたのはこの点だと思っている。ヤラセであったとしても苦痛のない動きができるということは、よく考えればそれだけで充分不思議なことなのだ。

だが、大東流合気柔術は武術なのだ！　この段階でもし満足すれば、それは武術たり得ない。どんな相手でも、またどんなときにでも、襲われれば投げ飛ばせなければ断じて意味などない！　合気は全ての武術の技（動き）にダウンロードできる見えざる原理だが、それができなくても、普通の技しか使えなくても、必勝しなければならない。だから、鍛錬が要るのだ！　当たり前のことなのだ！

しかしながら……。

誰もが考えもつかなかったところから合気に至った保江邦夫という人物を、私達武道家はどう評価するか。

そして武道家以外の人達はどう評価するのか。


少なくとも……武道家として彼と戦い何度も合気で投げられ、形の上では最終的に合気を切った保江に鍵突きを決めて倒した私が、何故、何故、勝ちを得た気持ちにならないのだろうか。

これが柔道の試合なら、何度も投げられ一本負けを喫していたからか？

あるいは、合気なしの彼を倒したに過ぎないからか？

違う！　そんなことではない！

ではいったい何故なのか。


その「答」の中に、おそらく冠光寺眞法の愛魂への「答」もあるはずなのだ。


一つ、言おう。

最後に一本合気を切った保江邦夫の魂の中にこそ、そしてその魂に呼応して瞬時に拳を解き掌底に変化させた我が魂の中にこそ、愛があったのだ！　断じて、ヤラセなどではない！

それを、愛魂と呼ぶのだ。

「だが、はたしてそれは、本当に難しいことなのだろうか」

保江邦夫は私達に、そう問うて、問い続けているのだ。

平成二十四年十月、秋風の頃、炭粉良三記す

第三部「続・保江邦夫を解く！」

その一

「あれは、どういう意味だったんだろう……」

平成二十四年四月、桜咲く頃のある日のこと。私は山陽電鉄東須磨駅近くにある喫茶店スペースワンにて、まだ日が明るいうちからビールを呑んでいました。この辺りに患者様ができ、度々くるようになって、もう久しい。辛亥革命の折、孫文を助けた中村天風先生が一時身を潜められた六角堂も、ここからはそれほど遠くはありません。いつの間にか「源平合戦の地」としても名高いこの西神戸・須磨の土地勘もつき、やがてこの地にくれば寄るようになったのが、スペースワンでした。

喫茶店ではありますが、ビールを始め酒類も少し置いてあるのです。しかもその店は例の芦屋リトルドールのママと同い年の、綺麗なママさんが切り盛りしているのでした。こういう店を見つけ出すのは炭粉良三の十八番！　まあ酒呑みの嗅覚とでも言うべきか……。

須磨の患者宅での施術が早く終わり、その日はそれにて仕事が終わったので、私は考えごとをしながらビールを呑んでいたわけでした。時折ママが小皿にアテを乗せてくれるのがありがたい。

「炭粉さん、あなたはいわゆる精神世界やオカルトが嫌いでしたね。だからもし僕がその手のことを言い出したら、炭粉さんの立場から批判的に書いてほしい……」


それは数日前にかかってきた保江邦夫先生からの、謎の電話でした。

ちょうどその頃、拙書合気シリーズの最終巻『合気深淵――フォースを追い求めた空手家に舞い降りた青い鳥・眞法――』が海鳴社から世に出始め、一連の執筆活動もこれで一応ピリオドか……とホッとしていたこともあり、私はシリーズ物としてある程度時間的に詰めて書かなくてもよいものをと思って、今までじっくり温めてきた論を中心に『冠光寺眞法修行叙説』なる文章をゆっくりと構想していたときでした。

師がそう言われるからには、それなりの理由があるに違いない。またしても何か大きなことが起こるのだろうか。そう思いながらもビールの酔いがほどよく回り、店を出てそぞろ歩きで帰宅の途につきました。

その予感じみた思いは、それから約一ヶ月後に日本各地で観測することができた珍しい出来事、金環日蝕の朝に益々大きくなります。太陽が照っているのにその明度が徐々に落ちてゆき、独特のブルー感を漂わせている不思議な空気……五月二十一日の、朝。

「そういえば、保江先生もその昔は天文少年だったそうだ。世界的物理学者と自分を繋ぐ唯一の共通点は、お互い幼い頃に宇宙の神秘に魅せられたということだ。するとやはり、先生のあの電話も宇宙絡みのことなのだろうか……」

漠然とそう思いながら、私は欠けていく太陽を見上げていたのです。

その二

とはいえ、施術行脚と武術修行がその大半を占める私の日常は、滞ることなく続いていきます（途中、実に不思議な出来事があり一時体を休めたことはありましたが。なおこの出来事については最後に少し触れましょう）。

関西各地に赴く移動時間を使って、焦ることもなくゆっくりと『冠光寺眞法修行叙説』の執筆も進みます。この間、拳友会会長・畑村洋数氏の操る謎の空手「氣空術」を『月刊秘伝』（ＢＡＢジャパン）誌上で解説したり、そのＤＶＤ企画を手伝わせて頂いたりもし、私のライターとしての業務も充実したものでした。

やがて春から夏、そしてその年ももう秋にさしかかろうという九月のある日、私は親しい患者様（今どき珍しい大家族の奥様）から出し抜けに言われたのです。

「あの……炭粉先生、保江先生はいったいどうされちゃったんですか？」

そこは一家挙げての大の保江邦夫ファンなのですが、施術に訪れた際に奥様が私に一冊の本を差し出しながら、そう言われたのです。

その本は保江邦夫著『合気の道――武道の先に見えたもの――』（海鳴社）でした。

そういえば少し前に保江先生から「新著を出す」と聞いていたが、既に出版されていたか……と思いながら手に取ってパラパラと見た私は、愕然とします。

「な、何だってえ?!」

思わず奥様の方に目をやれば、彼女も不安そうな表情をなさりながら私の顔を覗き込んでおられます。

「ね、炭粉先生。私も少し心配で……」

「も、申しわけありません。この本、今日借りて帰ってよいですか？」

許可を得て、帰り路に必死になってそれを読んだ。そして、思った。

「なッ……何なんだコレはあッ?!」

日本古来の神道が、ユダヤ教ぉ？

稲荷はイエスぅ？

謎の施術「業捨」ぁ？

果ては……「愛魂はＵＦＯを操縦する術」だってぇ?!!

それは明らかに、世に言う「トンデモ本」だったのです！　私はもう、ひっくり返るほどに驚きました。

「シリーズも終えて、物語性を排しじっくりと論理的に書いてきた『冠光寺眞法修行叙説』ももう直ぐ脱稿できるというこの時期に及んで、先生！　何ちゅう内容の本を……」

けれどもこの保江先生からのトンデモ攻撃、実はワンツーパンチだったのです！　時期を待たずして今度は風雲舎という出版社から保江先生による『愛の宇宙方程式――合気を追い求めてきた物理学者のたどりついた世界――』なる本が出る！

「あ……あいのうちゅうほうていしきぃ～～??!」

魔女ぉ？

宇宙人？

もう、勘弁してくれえッ!!!

思い余った私は、冠光寺門下一の沈着冷静を誇るクール派、神戸道場の浜口隆之道場長に連絡します。

「は、浜口さん！　えらいこっちゃあ！　先生の新刊、見た?!」

「いや……本を出すとはお聞きしてましたが、まだ見てません。どうしたんですか炭粉さん」

「とッ、とにかく……見てみて浜口さん！」

そして数日後、浜口道場長から下記の如きとてつもなく短いメールが送られてきました。

「ウワアッ！」

彼のこのメールこそが、そのときの私の心をも充分に表して余りあるものでした。

そうか……今にして思えば、保江先生がわざわざ私におっしゃっていたこととは、このことだったのか……。

「炭粉さん、もし私がとんでもないことを言い出したら、炭粉さんの立場から批判的に書いて下さい」

ちょっと待って下さい保江先生！

先生は、世界的物理学者でしょう？　シュレーディンガー方程式をも凌駕する、ヤスエ方程式の発見者でしょう？　そんな先生があえてこんな内容を世に問うからには、それなりのお覚悟お考えがあるのでしょうが、それを……たかだかドツキ合いと瓦割りしか能がない私に、どうやって解釈し咀嚼しろとおっしゃるんですかあ！

「ダメだ！　今回という今回はもう、自分のキャパを遥かに超えている……」

そのときの私には、師からうけたまわった作業があまりにも、絶望的に困難なものに思えたのでした。

その三

それでも……この難しい作業に対して何とか糸口を見つけなければならないと必死に考えた私は、あることを思い出したのです。それは「業捨」なる術に関してのことでした。

実は私はこれに関してだけ、保江先生よりも早く既に知っていたのでした。

それは確か七年ほども前か……当時私は芦屋の山手に患者様御一家を持っておりました。その御主人は（お名前は伏せますが）デビュー当時から天才SF作家として有名な方で、題名を言えば誰もが知っている某SFハリウッド映画は実はこの方の作品をまねたのだと、オールドファンの間では今でも語り草です。ある事情から筆を折られ、某大手広告代理店に勤められました。

そんな御主人があるとき、不思議な話を耳にされます。その広告代理店を辞め僧侶に転身した友人が御主人にはおられ、その友人を通じて聞かれた話、それは何でも……体を指先で軽く擦るだけで難病を治してのける人がいる。そしてその人は陶芸家で宇治市に住んでいる……という話でした。

その話に興味を惹かれた御主人は、その謎の陶芸家を訪れ術を受けます。そしてその様子を私に教えて下さいました。女性用のストッキングを体の上にあてがい、親指と人差し指で印を結ぶような形にしたその両指先にてストッキングの上から軽く擦るや凄まじい痛みが走り、その痕が真っ赤に残ったそうで、それは一週間ほども体に残ったとのことでした。けれど不思議なことに出血はなく、また傷ついているわけでもない。

後遺症はなく、施術の最中も術者の手が止まると同時に激痛も嘘のようにピタリと止む。そのときには別に難儀な病を抱えていたわけではなかったのでこの術で難病が治る云々はわからないが、何しろ不思議な術だった。そして終わった後は気のせいか、体中の血行が良くなったと感じた……と。

業捨だ！　あの御主人のお話は、あの術は業捨だったのだ！

私は活法師ではありますが、性格上自分で体験しない限り鵜呑みにはしません（だからこそ保江先生にも挑戦したのです！）。その方からお話を聞かせて頂いたときにはかすかに「それなら自分も体験してやろうか」とは思ったものの、日々の忙しさからいつしか失念して久しかったのです。

それを、保江先生のトンデモ二冊を読み返しているうちに稲妻のように思い出したのでした。

この業捨という術に関して、今現在の自分は御主人からお話を聞かせて頂いた当時に比べ、少し異なる見解を持ちます。つまり当時はまだ保江先生との邂逅《かいこう》前でしたから、合気などというモノはハナから否定していた時代でした。けれども今は違います。合気の実在は嫌というほどに知っています。すると、今まで展開してきた合気に関する自分の仮説に照らしてこの業捨を考えるとき、実に興味深い一致が見て取れるのです！

私の仮説は今まで何度となく語ってきましたように、合気とは相手の意識が生まれる前に既に存在している無意識に働きかけ、相手の脳判断を狂わせ体の協調運動を誘発させるが、そのときの辻褄合わせのため、特に打撃系の技に合気を通した場合、実際にはない衝撃感を脳が捏造するときがある……というものです。ですからもし業捨がまこと、軽く擦っただけで凄まじい痛みを感じるとしたら、これは合気と同じカラクリである可能性がある。何故なら、常識で考えても指先で軽く擦るだけでそんな激痛が起こるはずもないからです。

何らかの方法で、脳が騙されているのだ、おそらく……。

そしてもしそれが事実なら、私が立てたもう一つの仮説、即ち「合気は治療原理を持つ」の中で、さらに合気とはまた異なった治療原理を業捨は有している可能性もあります。

説明致しましょう。

無意識段階で脳を騙し衝撃を捏造するといっても、合気の場合その痕までつくということはありません。あくまで感覚だけです。ところで私は昔テレビで、東南アジアかどこかの島におけるキリスト教徒達の間で行われる奇習を見たことがあります。それはイエスが処刑されたことを記念する祭りの映像で、村の中から選ばれた若者がイエスに扮し、十字架を背負って村中を練り歩くというものだったと記憶しますが、その際に実に奇妙なことが起こるのです！　十字架を背負うイエス役の若者の姿を見たとき、熱心な信者達の両掌中央が見る見る赤くなったと思うと、何と遂に出血まで起こしてしまうのです！　もちろん彼らの掌には何もされた形跡はありません。

この不可解な現象は今の私には理解できます。つまり信者達はあまりにもイエスを愛するあまり、十字架に釘で両掌を打ちつけられて磔《はりつけ》にされたイエスと同じ苦痛を彼らの脳が捏造するばかりか、実際に出血までさせてしまうのだと考えられる。つまりこれは合気より一段深い効果を有する現象だと考えられるのです。

もし業捨の術が実際に真っ赤な痕を残すというのなら、これは原理的にこのキリスト教徒達の掌に起こると同じ現象を、指先での軽い摩擦によって強制的に起こさせているに違いない！　私は、そう踏んだのです。

では、そのことがどうして新たな治療原理に結びつくのか、次節にて説明致しましょう。

その四

無意識下の脳に対する何がしかの働きかけにより脳が誤作動を起こすことで実際の肉体をも変化させ得るという事態が事実なら、例えば傷を速やかに治す、あるいは腫瘍や……遂には癌細胞まで消してしまうという現象は、理論上考えられます。私もかつて一度何気ない施術で患者様の脳腫瘍が消えてしまったという経験を持っています。

ただ、これはあくまでも「その可能性は、ある」ということであって、実際に打率十割でそういったことを成立させるのは至難でしょう。私だって、もう一度同じことをしてみせろと言われても全く自信はありません。

けれども、そういうことは、起こり得るのです！

しかしながら私はまだ一度も業捨の術を受けたこともなく、激痛も施術の痕が残るということも未経験です。

まずは、この術を受けてみよう！

病気治癒云々は別にして、本当に軽い摩擦だけで激痛が生じ、その痕が残り得るのか？

これを実際に体験してその真贋を見極めることこそが、おそらく今回の保江邦夫先生の一連の著書を解きほぐす糸口になるに違いない。というか……業捨しか、ないではないか！　ＵＦＯに搭乗する術《すべ》もなく、宇宙人や魔女に会いに行くこととてできない大平凡人の炭粉良三には。

私はそう決心致します。そしてかつて私に業捨を教えて下さった芦屋在住の御主人に久しぶりに連絡を取ったのでした。

御主人は、とても丁寧に当時の様子を再度語って下さると同時に、その術者への連絡方法及び施術所までのアクセスを教えて下さいました。

場所は、京都府宇治市！

そしてその術者は……東外治というお名前の陶芸家でした。

その五

そしてその日はきました。

近鉄向島駅を降りてタクシーに乗り斜めに南下すると、直ぐに京都市（伏見区）から宇治市に移ります。宇治市に来るのは私にとっては初めてでした。

やがて指定された住所の路肩で降りると、目の前に「恕庵」と古い看板が掛けられた二階建ての家がある。どうやら陶芸の作業場のようです。

「ここか……」

約束の時間より少し早く着いたため、中にはまだ誰もいません。待つこと、十五分。

やがて「いや〜、お待たせしてすみません」と話しかけながら現れた私より年輩の背が高く細身の男性。それが東外治先生でした。

二階が施術室のようです。階段を上がれば、応接室の横の部屋に施術用ベッドが置いてありました。まずは応接室にて東先生とお話しさせて頂きます。こちらの事情は既に伝えてある。そして私は手土産に保江先生の『合気の道』を携えていましたので、それを東先生に渡しながら言いました。

「炭粉良三と申します。師・保江邦夫より業捨なる術について聞き及び、昔東先生に施術された方を思い出して紹介を受けて、この度の訪問となりました。持病は特にありません。しかし、失礼ながら本当にそれほどの痛みと痕を与え残すものかどうか、その一点だけを確認しに参りました」

全く、肩に力が入らぬ穏やかな口調で東先生は快く私の申し出を受けて下さると同時に、何故自分がこの術ができるようになったか、その経緯と周辺の出来事を淡々と話して下さいました。それを要約すると……。

かなり昔、広島の谷原弘倫氏とゆかりのある関東の男性と知り合った。彼はたまたま京都に出張中、ある夜先斗町で呑んでいたとき、その店で使われているぐい呑みがいたく気に入ったので、そのぐい呑みを作っているのはどこだと店に聞く。そしてそれが私の所で作られたことを知った彼は私を店に呼び出す。

意気投合した私達はそれから三日三晩呑み明かすことになり、そのときに彼から業捨のことを聞き及ぶ。彼はその術を人に伝えようと合宿なども行うというので、興味を惹かれた私はそれに参加してみた。けれども技術を教えるようなことはなく、ただ呑んで食べて話をするだけのものだった。彼曰わくは、業捨は技術を教えるようなものではなく、できるようになる者はできるようになる、とのことだった。

それからしばらくして私は不思議な経験をする。ある日車を運転していると、対向車が反対車線から飛び出してきたのだ。「完全にぶつかった！」と思った刹那、何とその対向車は私と私の車をすり抜けたのだ！「不思議なこともあるものだ……」と思いながら家にたどり着くと、息子が「肩が凝ってたまらない」と言うので「どれどれ揉んでやろう」と指を肩に置いた瞬間、「痛い痛い！」と息子は悲鳴をあげた。以来、この術ができるようになってしまった。

迷ったが、世のため人のために乞われるに任せて施術するようになったのだ……。

「炭粉さん、私はこの術を『業捨』とは呼んではいません。そう呼べば、『業を取る人』『取られる人』との身分的階層ができてしまう。この術は習うにしても教えることはできず、よって師弟関係も成り立ちません。つまり、全ては『同等』なのです。それを表すために私はこれを『法行』と呼んでいます。即ちこの術を生む元は、どれだけ相手のことを想って行うかという心の方向性だけなのです」

驚くべきことに東先生はそう語った後、私が贈った『合気の道』をサッと見られ、そこに書かれてあること、即ち神道がユダヤ教由来であること、稲荷はイエスを祀っていること、ＵＦＯのこと、それら全てを肯定され、果ては……モーセがシナイ山山頂で神から受けた十戒を納めた「聖櫃（アーク）」は日本にあるとまで断言されました。それも実に穏やかに。

「まるで保江先生だ、その話の内容といい物腰といい……」

話しているうちに私は保江先生と話し込んでいる錯覚まで起こす始末です。だが、自我の塊・炭粉良三は、こうも思った！

「施術をやる前に話をするとはいい度胸だ。これでもし術が効かなければお笑いだ！」

そして東先生に、こう切り出したのです。

「先生、お話は大変興味深かったです。ありがとうございました。ところで早速その『業捨』……じゃない、『法行』なるものを施術して頂きたいのですが！」

その六

こともなげに、東先生がおっしゃる。

「いいですよ。ではやりましょう。上半身だけ裸になって、ベッドにうつ伏せで寝て下さい」

私は言われたとおりになりました。肩越しに先生はと見れば、何かを取り出しておられる。

「ははぁ、さては女性用ストッキングですね」

「ええ。色々試しましたが、これが一番いいのですよ」

「………」

「さて、参りますよ」

「御存分に」

始めは、まあ孫の手で強めに背中を掻いているような感覚でしたが……次の瞬間。

「ウギャアアッ！　ち、ちょっとタンマ！」

今まで経験したことのない激痛に私は怒りさえ覚え、思わず振り返りざまに東先生の指先を取って凝視。

「絶対に何か凶器を隠し持っている！　もしそうならタダじゃおかんッ！」

そう思ったからです。しかし、何もない。ただ親指と人差し指で印のような形を作り、しかも爪も伸びてなどいない。

「う〜〜ん……」

「さあ、続けましょう」

「は、はあ……」

そしてまた……。

「ギャアアアアッ！　痛い痛い痛いッ！」

何というのでしょう、例えるならば、わざと切れの悪いノコギリで背中を引かれているような、そんな凄まじい痛みなのです。もうそれからというもの、こちらはバタバタと暴れ回り脂汗が吹き出す。

「わかった！　もう充分わかったから、先生もう止めにしましょ……」

「いや炭粉さん、せっかく遠いところをわざわざ来て頂いたのですから、ちゃんと最後まで行いましょう」

「ウギャアアアア！」

やがて今度は仰向けに。ということは、先生の施術の様子が見える。ようし、見てやる！　きっと何かタネがあるに決まっている！

だがしかし！　先生は例の指先で私の腹を軽く擦っているだけなのです！

「グワアアッ……ググッ……ギャアアアアアッ！」

もう、こうなれば拷問です。それが、タップリ四十分間！　終わった後、私は完全に放心状態。

「さあ終わりました。お疲れ様。そこの壁に取り付けてある鏡をご覧になって下さい」

先生に言われるままにその鏡を見た瞬間、放心状態から一気に目が覚めた！

「なッ、何じゃあコレはああ〜！」

真っ赤！　真っ赤！　真っ赤！　背中も腹も、真っ赤っ赤‼

実在したのです！

合気と同じく……指先で軽く擦るだけで激痛と痕を与え残す、業捨の術は!!

その七

業捨を実体験した後しばらくの間の私は、まるで四年前に初めて保江先生の合気技にぶっ飛ばされた後のように、ただただボ～っとした頭の状態のままで過ごしました。人は、自分の経験値にないものを経験したとき、子供でもない限りそれを受け入れるのに時間がかかるものです。

けれどもその事実をようやく自分の経験値に押し込めることができ始めた頃、今度はまた新たな悩みが浮上してきました。なるほど業捨は知った。しかしそれは単に私が確かめたかった点、即ち軽い刺激にもかかわらず脳を騙し激痛を与え痕を残すという合気と同じカラクリによるものらしいことを確認できたに過ぎず、その術によって難病が治るなどということはまだわからないままです。いわんや……ＵＦＯ製作やその操縦……保江先生が今回二冊の著書に書き記されたトンデモは、それこそ私の目の前に山積されているのです！

全部をフォローすることなど、前にも言いましたが、たかが私の力量ではとてもじゃないが、無理！　無理なのです！

けれどもその中でたとえ一つでも皆様の腑に落ちる話に落とし込まなければならない。いったい、どうしよう……と思いあぐねていたある日のこと、私はハタとあることに気づいたのです。そしてそのことは（後述しますが）あまりにも平凡で、一見保江先生が書かれた常識を超える話となんら関係がないように見えて、実は深いレベルで繋がっているともいえる、私なりに素晴らしい発見だったのです。

さあ、今から再び、保江邦夫を解きましょう！

これからお話しすることは、保江先生が著書にはまだ書かれていない部分もありますので、御興味ある方々は楽しみにお聞き下さい。

それは、ＵＦＯの話です。保江先生が私に語られたところによりますと、ＵＦＯといえどもその部品のほとんどは地球産の物質でできているそうです。けれども、何せＵＦＯはその部品段階で全てに魂を宿らせなければならないため、それを作る人達は私達のように文明にドップリ浸かった自我丸出しの人間ではとても無理。そこで、某国の某地方に住む某民族（実は明かされていますが、伏せます）に部品作りは依頼されます。そしてその民族の方々が魂込めて作るからこそ、それらを基に作り上げられたＵＦＯは言わば巨大なる魂の集合体になる。

後は……肉を纏いながら自我を消し去り魂のみと化すことに成功したパイロットが、自らの魂とＵＦＯの魂群とを結びつける。つまり、愛魂により合気するのです。すると初めて、巨大なＵＦＯは魂の塊ともいえる見えざる翼を得て飛翔する！　けれど残念ながら、どんなに修行を積んでも今のところ、地球人では二分間の飛翔が限界なんだそうですが……。


こんなトンデモない話、いったいどうやったら信じられるというのでしょう。

けれども、お聞き下さい。業捨を受けてしばらくして私がハタと気づいたという平凡極まりない話を。


いつまでも若いつもりでいた自分も、そろそろ還暦という厄介な言葉を意識する歳になって参りました。「もう若くはない」などという嫌な気持ちにだけは、断じてなりたくはない！　なりたくはないが、しかし体は日々確実に衰え体力も損なわれていきます。

最近私が最も老化を感じるのは、食事。仕事柄ほとんど外食なのですが、今までなら平気のへいざでガツガツ食べていた安物の定食やカレー、コンビニの弁当でしたが、これらを食べた後約一時間半が過ぎると、決まってひどい胸焼けに悩まされるようになったのです。胃薬を飲んでも治まらない場合も多々あります。そんなときにはもう、それからさらに一時間ほどグッと我慢しその胸焼けが去るのを待つしかありません。ひょっとしたら今流行りの逆流性食道炎かもしれませんが、いずれにせよ若いときには全く経験したことがなかった不快な出来事です。

ところで私には年老いた母がいます。彼女は今現在一人で暮らしていますが、治療も兼ね週に二回私は母の所に通っています。あるときふと思いつき、どうせならそのときに母の作る御飯を一緒に食べてやろうと考えました。息子が食べにくるともなれば、あれこれ料理も考え出すことだろう。このことが頭の衰え、つまりボケ予防に必ず繋がるはず。これ即ち、真の治療！　早速実行に移して今日まできました。

ところが……。

母の作ってくれた料理を食べると、どんなに量多く食べても決してこの胸焼けが起こらないのです！

もちろんこれはよく言われるように使う油によるものでしょうが、安い油を使わないということも含め、息子のためにちゃんとした食事（贅沢なもの、という意味では断じてない！）を出そうとする母の魂が、そうさせているに違いない！
そういうことに、今さらながらに気づいたのです。
嗚呼《ああ》、私達日本人は昔から「魂込めて」、「心を込めて」などと散々言い廻してきたではないか。なのにいつの間にか、「レシピ？」、「マニュアル？」、「食材の合理化？」……。そんな唯物論が食事の場にさえ現れて、その結果が今の世の中の食事情なのです。私達年寄りがダメージを受ける食事も、若者はその体力故に跳ね返します。ただし跳ね返し得るだけで、そんな食事が彼ら若者に対しても良かろうはずがないのです。

保江邦夫語るところのＵＦＯの話。例がＵＦＯなだけに、突拍子もないトンデモに聞こえます。けれども私達は今彼の話を聞き、「魂と魂が通い合い」という部分まで、多分心の中で否定しています。それが科学ではないからです。けれども、たとえどんなにレシピどおりに作っても、修行を重ねた一流の料理人が作るのと同じ味は絶対に出せはしません。何かが決定的に、違うのです。

これも最近の話ですが、私の患者様の中に御主人が長年アルミ関係の仕事に携わっておられたという方がいます。その御主人にある日、いささかぶっ飛んだ質問をしました。

「金属には心があると思いますか？」

もちろんこれは保江先生のＵＦＯ絡みのことでお聞きしたわけです。するとご主人は腕組みし、しばらくの間考え、そして言われました。「ある！」と。そして以下のような話をして下さいました。

どんなに企画そして設計図どおりに事が運んでも、最後に製品にする際には必ずでき不できが起こる。外的条件が同じであっても、です。だから我々が最後に行うのは「神頼み」なのです。意外に思うかもしれませんが、我々は鋳型に熔けたアルミを流し込む際、皆して柏手を打ち、どうか良い製品ができますようにとアルミに頼み、神に祈るのです……。

私達日本人は古来より、森羅万象全てに神性を感じてきました。もちろんレシピやマニュアルを全否定しているわけでは決してありません。企画や設計図も然り、です。それらがなければ、物作りはできない。しかし私達はいつしか科学というものに溺れ、無条件に受け入れ、その結果私達の祖先が感じてきた神性というものを否定し始めたのではないか。

人智を遥かに超えた未知の存在に対する、畏怖《いふ》。それを忘れたいと願う節まで見受けられます。それは即ち人間の増長を生みます。その結果、「手術は成功しました。しかし残念ながら……」などという病院を揶揄《やゆ》するブラックジョークすら生まれてくることになるのです。皮肉なことに、先ほどの御主人のように（私達素人よりも）実際に科学的現場に携わってこられた方々の方が、その神性を垣間見ておられるのだとしたら、なるほど物理学界に長年身を置かれた保江先生が同じような境地に立たれたのはむべなるかな、といえるのかもしれません。

私はこのことに気づいたとき、私達がすぐに「トンデモ」と思ってしまうことこそ、実は真のトンデモなのではないかと思い始めました。保江先生は何も新しい、特殊なことを語っておられるわけではないのだ、おそらく。

我々日本人が……いやおそらく洋の東西を問わずそれこそ全人類がかつてはわかっていたことを、もう一度思い出せ！　そう警鐘を鳴らされているのではないか。

私は今、そう思うようになりました。

母親同様、こんな武術しかとりえのないアホに三十年間もついてきてくれた我が嫁の作ってくれた料理を食べた後、胸焼けを起こしたこともただの一度とてありません。ところで、その嫁は動物と心を通わせることが得意です。野生の猪や狸、それに鼬。夜になれば梟まで飛来します！　さらに野良猫に至っては最盛期何と十六匹も彼女の周りに寄ってきました。だから我が家の中庭はさながら動物園の如き様相をときとして示します。

保江先生とその友人の方が外国にてＵＦＯ製作に携わる日本人女性と会ったとき、「是非それを操縦させてほしい」と懇願されます。そのとき彼女が先生達に言った言葉が、私の胸裏に蘇ります。

「あなた方は野の草花や動物達の心がわからず、それに興味もないと言う。そんなあなた方がどうして、ＵＦＯを操縦できるというのですか」

神戸は六甲の山々の空高く、二隻で仲良く並び浮かぶ銀色に輝く楕円形のＵＦＯ。嫁はそれを全く同じ虚空にて、十数年越しに二度見ているのです……。

その八

海を見ています。夕暮れの、海を。

ここは東神戸沖に浮かぶ人工島・六甲アイランドの最南端に建つライブハウス兼カフェレストラン「feel」。まるで地中海沿岸の外国へでも来たような錯覚を起こしそうな、洒落た店と周りの風景。目の前はだから、海。とうとうと流れゆく潮の流れを、ただ見ています。ビールを呑みながら。

同じテーブルには、小説家であり芦屋マリーナ（ヨットハーバー）の社長・南創一郎先生と、他に三人の知人がいます。

ここで「その二」にて申し上げたことについて、少しだけ語っておきましょう。

梅雨の頃、私は実に不可解な事故に遭って負傷し、救急車にて芦屋最南端に造られた人工島にある救急病院に搬送されます。何しろものすごい出血だったため、薄れ行く意識の中で「これは死ぬかもしれないな。しかし、悔いはない……」と思ったことを覚えています。この事故で私は一部ですが体の機能を失います。

ところで、搬送されたその病院の北側には殺風景な空き地が広がり、その傍らに「定食」と書かれたノボリがはためく平屋建ての小料理屋がありました。「こんな所で商売になるのか？」と興味を惹かれた私はある日その店「きまぐれ」を訪れます。私より若い小綺麗なママが、一人で切り盛りしていました。

そこで（彼もその日が初めての訪問だったという）先ほど紹介した南創一郎先生と出会います。芦屋マリーナも同じくこの人工島にあるため、たまたま食事にこられたのでした。ところでこの「きまぐれ」はママが癒し系で料理も安くて旨い！　それ故私達二人は以来熱心にここに通い始めます。無論、ビールをはじめ酒もあります。

南先生は御自身の体験を基に既に小説を三冊上梓されていて（『再見！　愛玲』、『加油！　愛玲』、『再生請負人　神山孔明　――肥後椿――』いずれも文芸社）、執筆に関していろいろとアドバイスをして下さいました。そこでこちらも神戸道場の浜口隆之道場長を「きまぐれ」に呼び、割り箸による合気上げを披露したり、浜口道場長が南先生を実際に合気上げしたりしながら楽しいときをしばらく過ごすことになります。この間私は体の傷を癒やすため、稽古や鍛錬を少し休みました。

やがて保江先生の件の二冊が発表されると、私は先生からうけたまわったそれに対する文章（つまり本編）を執筆することに四苦八苦の状態に陥ります。

まさにそんな状態の折、小説家の南先生からの一言が私を救ってくれたのです。

「不思議を知ったら、その不思議を思う存分書けばよい。今、君はそういう時期なのだ」

そしてその作業も今、終わろうとしています。

海を、見ています。
夕闇の中、まるで川の如くに流れるその潮、その水を。

知るや人
川の流れを打てばとて
水に跡あるものならなくに
西郷頼母

思えば、合気の父といってもよい西郷頼母。彼は武田惣角と西郷四郎という後の偉大な武術家を養子に迎えながら、やがてその二人から共に去られます。頼母の下を去った四郎は講道館の嘉納治五郎の下に入門、必殺技・山嵐で暴れ回ります。それは、彼をモデルとした富田常雄による小説『姿三四郎』で描かれる如く。一方、やはり後に大東流合気柔術中興の祖となる惣角は、合気の技でヤクザ者を相手にこれまた暴れに暴れます。

もし合気が頼母の歌うように、そして師・保江邦夫が諭すように、水の如くとうとうたる自然さ、他に逆らわぬ境地を指し示しているのだとしたら、師からその境地を説かれた彼ら二人の武術家はさぞかし苛立ったことでしょう。若き日の二人が頼母の下を離れた気持ちが、私にはわかる気がします。そしてその境地は、ましてや彼らと比べるべくもない私にとっても、まだ当分無理な相談のようです。

私が活法の先師から破門を喰らったのも、師とぶつかったからです。

また、冠光寺門下を出たのも、仲間とぶつかったからです。なにせこちらはぶつかるのが商売の、フルコン空手ですから。

だが不思議なことに保江邦夫先生は今に至るまで、何故か私を破門なさいません。

「これからも、あっちこっちでぶつかるのだろうなあ……」

そしてその果てに、合気を取れるのだろうか？

しかし私にはなすべきことが一つ残っている。それは何とか合気を取り、再び保江先生、否、保江邦夫と戦うこと！

このままでは、私が負けたままだ。

断じて、雪辱しなければならない！

だが、あの勝負……。

合気で投げられ続けた私は、何度も何度も師にかかっていきました。合気の技には破壊力など微塵もないからです。不思議なことに、畳に叩きつけられたダメージさえ、直ぐに消えるのです。そして何故か最後に自ら合気を切った師は、もはや私の敵ではなかった。私は簡単に間合いを詰め、右鍵突き一発にて師を秒殺します。

そのときに、わかった！

そのときこそ、悟った！

保江邦夫という個人、私の空手の前にはかくも弱い男に、私の空手などではどうしようもないほどの見えざる鎧を与える合気のすごさ！　それに対する、怖れ！

ならば運良く合気を取れたとして、我々師弟の最終決着はいったいどう着くのだろうか？

否、ひょっとしたら決着はもう、着いたのだろうか。最後の、一本！　あの瞬間！

師は本当に合気を切ったのか？　なら何故自分は拳を解いたのだ？

あのときこそ、師も、そして私も、愛魂の中にいたのではなかったか。とすれば、相打ち、否、「愛打ち」か……だから師は……ぶつかり屋の私を、破門しないのだろうか。

あるいは……。我々武術を志す者の中で冠光寺眞法を、その存在を知った者達は、死して後も魂となって宇宙空間に漂い、「愛魂」ができていなければ再び三度地上に肉を纏って転生し武術家となり、悟るまで戦い合うのだろうか。

それを繰り返すのだろうか。

綺麗な歌声に、ハッと我に返りました。海を見ているうちにいつの間にか、自分の思考の世界に浸かっていたようです。

そうだった！　今夕、「feel」では流さんという北海道出身の女性歌手の方がライブをしていたのでした。それを聴きにきていたのです、私達は。

彼女は私達に比べまだかなり若く、「一万人に会いに行く」ために全国行脚のライブを始めたといいます。

「そうなればよいなあ……」

そう心から思いました。

そして今はただ、この海の潮の流れのような「時の流れ」に身を任せていようとも思いました。

何故かそう、思ったのです。

おでん
お食事処
アサヒスーパードライ
小料理屋
きまぐれ
定休日
火曜日
小料理屋 きまぐれ

緊急加筆

読者の皆さん、大変なことが起きてしまいました！　脱稿後だったので、ここに緊急加筆いたします。

平成二十四年十二月一日、夜九時三十分。場所は兵庫県の南芦屋浜。

この日私は南創一郎先生に呼ばれ、人工島・南芦屋浜にある例の小料理屋「きまぐれ」に向かいます。到着すると南先生はいつになく元気がありません。どうされたのかとうかがうと、先生の大切な友人（私も知己を得ています）をいたく心配されているとのことでした。事情をうかがった私はなるほどと思い、帰りがけに「そのお友達に綺麗な南芦屋浜の夜景でも見て頂いて、気分転換して頂こう」とふと思いました。そして撮影のために何気なく建物上空に携帯を向けました。

雲一つない、美しい月夜です。だから上部にその月を入れて撮影したのです。

そのときは、酔ってもいたので気づかなかった。そして明くる朝その写真を再び見直して、腰が抜けるほどに驚いたッ!!!

何と、謎の濃紺の光を伴った薄緑色に光る楕円形のＵＦＯが、月の斜め左下の虚空にクッキリと写っている（本書裏表紙カバーにプリントしておきます）ではありませんか!!!

「愛あるところにＵＦＯは現れます」

保江邦夫先生は、そうおっしゃいました。

嗚呼、何ということでしょう。まるで保江先生の逆転満塁サヨナラホームランです！

南先生の、友人を思うその優しいお心が先生御自身が活躍される南芦屋浜の地の上空にＵＦＯを呼び、あまつさえ炭粉を動かして携帯を向けさせたのです！

師の言われるところとは、これだったのか。

これが、愛魂なのか！

炭粉良三、またしても師・保江邦夫から一本見事に取られました。四年前のときのように。

うーーーん、深い！　何て深い世界なんだろう！

しかし私の人生、何故こんな絵に描いたような出来事が次から次へ……。

第四部　インド放浪記

—

「暗黒」、そうだ、一言で言えばまさにそれは暗黒、マハーカーラだった……。

私が初めてインドの地に到着したときの印象。突如として漆黒の世界に投げ入れられた異邦人。もはや現代文明の先進国と自負する戦後三十年を経過した日本から、「永久停滞国」と呼ばれていたインドへと渡ったから、ではない。そんな比喩ではなく、文字どおり「暗黒」なのだ。

羽田から飛び立ち、香港・バンコクと進み、バンコクから機を乗り換えてニューデリーの空港に到着したとき、現地では深夜だったのだ。明かりの数は、極端に少ない。空港の中とて薄暗く、そのため一歩外へ足を踏み出せばもう、そこは漆黒の世界がただ広がっていた。

安物のバックパックは、機から降ろされ私の下に運ばれてきた段階で既にナイフでズタズタに切り裂かれていた。しかし心配はない。何故なら、金目のものなど何も入れてはいなかったからだ。

「俺は、インドに行くのだ」

そう決意したときから、覚悟はとうに決まっていた。

現地で世話になるかもしれない人達への土産用にと購入しておいた黒のボールペン十数本、洗面用具に幾らかの着替え、救急絆創膏や薬類、そして梅干しの瓶詰め、旅券とわずかな金以外持参していなかったし、それらは全て機内持ち込みの粗末なバッグの中に忍ばせていた。

だからバッグパックの中は、空。

やがてそのズタズタになったバッグパックを背負い、私は「これで走れるのか？」と思えるくらいにガタがきている空港バスに乗り込む。初日のホテルだけは、ニューデリーの街にある三文ホテルに予約を入れていたのだ。バスはそのホテル近くにまで行ってくれるはずだった。

漆黒の世界の中を、バスは走る。

乗客は皆、ほとんど話さない。押し黙ったまま、しかし彼らも私同様決して眠っているわけではない。それどころか目は異様に醒めて、何とかこの黒い世界の中からかつて自分達の世界にあったものを見出そうとする。

だが、無駄だ！

ここは、インドなのだ！

市内へと向かうバイパス（と思われる）道路にさしかかったとき、わずかにハロゲンライトの橙色の光があたりを力なく照らし出す。突然、後ろから猛スピードで軽トラックが迫ってきた。途中で空中分解するのではないかと思われるほどに傷んだそのトラックの荷台を見て、ギョッとした。そこには頭からスッポリと毛布を被った男が座禅を組み、座っていたからだ！

インド人の黒い肌は暗黒の風景に溶け込み、ただ両目だけが異様に白く、爛々と光って見えた。だがその男の目には、表情がなかった。だからそれは人間というよりも、巨大な置物に見えた。やがて毛布をなびかせながら、その座禅を組んだ男と軽トラックはバスを追い越し、前方の漆黒に消えた。

「ついに、来てしまった……」

自分の心に、何度も繰り返して言う。

「そう、ここは、インドなのだ！」

昭和五十二年三月二日深夜。炭粉良三、二十歳の早春。

二

やがてそのバスはホテルの前に止まった。かなりのツーリスト達がそこで降り、同じホテルの入口に向かう。

私は正直ホッとした。一人ではない（そしてツーリスト達の中には少なからず日本人も含まれていた）。それに見れば三文ホテルとはいえ結構しっかりした建物に見えた。しかし周りはホテルの前でも、やはり暗い。一刻も早くチェックインをすませてしまおう、そしてすぐに寝て疲れを取ろう。そう思い足早に入口に向かう我々に……。

突如として一団の黒い影！、影!!　影!!!　多くの人影が、我々を取り囲む！　皆が恐怖に凍りつき、その場に硬直してしまった。

「バクシーシ……」
「バクシーシ……」
「バクシーシ……」

その恐ろしい一団の人影達が、何かしゃべった。悪魔の囁きに聞こえた。

「何だコイツら！　どこから湧いて出てきた！」

日本語の罵声が響く。

「物乞いだッ!!」

噂には聞いていた。だがこれほどの数だとは……。払っても、払っても、後から後から我々に覆い被さるように迫ってくる。やがてツーリスト達は入口めがけて猛然と走り出す。私も、走った！
ふと振り返ればその一団はますます数を増やし、後から追いかけてくるように見えた。

「振り返るな！　とにかく、走れ！」

我々はドアを押し開け、ホテルのロビーになだれ込んだ。

皆、肩で息をしている。何なんだこの国は?!
受付はと見れば、太ったインド人の係員が何事もなかったように淡々と業務を続けていた。そして激しく息をする我々一行に目を向けるや、ニコッと笑い、こう言った。

「ウエルカム　トゥ　デリー！　ウエルカム　トゥ　インディア！」

三

手続きをすませ部屋に入ると（そこが自分の考えていたものよりマシな状態だったので）、安心感からかいっきに、長旅と未体験事態による緊張からくる疲れ、そして「あること」を感じた。

その「あること」とは……「寒い！」である。

「ここはインドだ。なのにこの寒さは、何だ？」

実は、ニューデリーはインドの内陸部に位置する。それもかなり北方だ。それ故に昼間は猛暑でも、いったん日が沈むととたんに気温は下がり、朝方には氷が張る場合すらある。先ほどの物乞いの集団といい、話には聞いていたが、耳で聞いて理解するのと実際に体験するのとでは雲泥の差があることを、まず私は学んだ。学んだが、しかし初日から異文化の洗礼を受け、もうクタクタであった。だから急いでベッドに潜り込むことにした。

それは不思議な連鎖だった。

不良と呼ばれてバカをやりながら過ごした高校時代の果てに、形だけ何とか卒業し（というより追い出され）、就職するでもなく大学に進めるでもなく、ただボォ……として過ごした一年前の春。何せやることが、なかった。だから、毎日昼頃に起き出し、テレビを見ていた。

するとある日、カナリア諸島を紹介する短い番組が放送された。アフリカ大陸北西沖合の大西洋上に浮かぶ島々だ。小鳥のカナリアの原産地。スペイン領らしく、数人の男達がスペイン風の音楽をギターで奏でながら歌っていた。その様子を見るとはなく見ていて、ふと思った。

「世界は広い。こんな所があるのか……」

それからさらに数日後のことだった。同じシリーズの番組だったのだろう、見たのが途中からだったためどこかはわからなかったが、何やら暗い空間に石の階段が長く続き、その果てに蝋燭灯る祭壇のようなものがしつらえてある。その石段を、粗末な法衣らしきものを纏った男達が五体投地のような四つん這いの体勢になり、あろうことかその石段を一段一段舌で舐めながら登っていくのだ！　遥か上の祭壇を目指して。

「神への愛を示すために、この行為はなされる」

そんなナレーションに、私は大いに違和感を覚えた。

「何であんなバカげた行為が、愛を示すことになるんだ?!」

反感を感じながらそれでも続けて見ていると、場面が変わった。今度は……まるでノコギリの歯を思わせるような奇っ怪な形の岩山連なる風景の中、二人のこれまた粗末な法衣を纏った男達が、素手素足でその山の斜面をガリガリと引っ掻くように登ってくる。そして山間の平たい地にたどり着いたと思いきや、いきなり取っ組み合いを始めたのだ!

「キリスト世界カトリックに伝わる、奇習である……」

そんなナレーション。これにも少なからぬ違和感を感じた。

「こんな修行をキリスト教の坊主はするのか? 何か別の妙な宗教か何かではないのか?」

私の母方の祖父は、カトリックで洗礼を受けたクリスチャンだった。そしてキリスト教関係の大学で英文学を教える教授だった。それ故、キリスト教のことについては無知ではなかった。その私が、違和感を抱いたのだ。

「こんな変なキリスト教って、ない！」

ところがこの回も含め世界の秘境、世界の奇習を短く紹介するその番組に、何故か私は惹かれていく。そして、再び思った。

「世界は、広い！」

四

「そうだ！　俺は今まで、あまりにも狭い世界で生きてきた。このままではもったいない」

世界へ、行こう！

世界へ、飛び出そう！

それも……。

誰も行かないような所へ！

誰も知らないような所へ！


劇的な、変化だった。

それからというもの、あれほど嫌いだった受験勉強に私は狂ったように取り組んだ。大学に入れば、世界を旅する時間が少なくとも四年は取れる！　そう思ったのだ。

英単語を覚えるのは特に必死だった。世界を旅するには英語力が必要と考えたからだ。だから何回も何回も紙に書き殴って覚えた。何せ、新品のボールペンのインクが三日で空になったのだから、自分で言うのも何だがそれは猛烈を極めた。

予備校にも行き始め、校内で行われる模擬試験の成績は鰻登りだった。そして気がつけば……別にそこを目指したわけではなかったが、関西でトップの偏差値を誇る私大に、私は合格してしまった。

だが、そんなことはどうでもよかったのだ。入学後は必死にアルバイトを重ねて、世界に向かう資金を貯めた。

ちょうどその頃、「秘境を旅するには体力も護身術も必要」とばかりに、私は初めて正式に某流の拳法道場に入門した。高校時代から空手に毛の生えたようなことはしていたが、やっと本格的に技を習い体を鍛え上げる世界に入ったのだ。

その過程で、思った。

「そうか！　我々東洋人の武術を始め様々な文化の源流は、インドだ！　よし、まずはインドに行ってやる！」

さらにこの頃、インドを調べるうちにヨガを知った。今でこそヨガという言葉を知らない日本人はいないだろうが、当時はまだ一般的ではなく、それに関する著書も数えるほどしかなかった。しかしその少ない著書を読むにつけ、東洋思想の源流をいまだ有するその哲学と実践に、私は魅了されていく。

インドへ行こう！

インドへ、インドへ！


あっという間に、一年が過ぎる。

やがて校内の伝言板に貼られた一枚のポスターに目が留まった。それは名前も聞かない零細の旅行会社が企画した、インドへのフリーツアーのポスターだった。三月初日から四週間、出発と帰国の便だけを押さえ、後は全くの自由行動とのこと。タージマハルを背景にたたずむ、サリーを身に纏う美しいインド人女性の、物憂げな表情。

即、決断した！ ここだ！ ここのツアーを利用しよう！

案内に従いその会社を訪れた。大阪の南森町という所にあるアパートの一室を借りて、その会社は営業していた。所定の手続きをすませ、役所に行き濃紺の旅券を取り、インド渡航に当時必要だった天然痘とコレラの予防接種を受け、それを証するイエローカードと呼ばれる紙を旅券に貼り付けてもらう。

盗難防止に、持参する現金（といっても日本に比べ貨幣価値が下のインド故、あまり高額は必要ない）の半分をトラベラーズチェックに代えた。

準備は、整った。初めての一人旅が、初めての海外旅行となった。

目指すは、インド！

五

ここに至るまでのことをあれこれ思い出すうち、いつの間にか泥のように眠っていた……。

日本では聞いたことのない、甲高い鳥の声。

目が覚めた。昨夜の漆黒が嘘のような、あまりにも眩い陽光が、窓から溢れんばかりに差し込んでいる。まるで、太陽との距離がいっきに縮まったかのような、見たこともない日の光！　もはや、寒くはない。かといって、暑くもない。

「え……ここはどこだ？」

あまりにも深く、よく寝たが故の、それは朦朧《もうろう》だった。

だが、すぐに悟った。そうだ！　俺は今、インドにいるのだ！

窓際に走った。部屋が三階だったため、下をのぞき込んだ。すると……まことに奇妙な光景が眼下に展開されているではないか。

筋骨隆々のシーク族（たくましい男女を選りすぐり、マハラジャの身辺警護にあたらせられた人達。共通の意識を持たせるためシーク教という宗教を作り上げ、それを信奉させ精神的にまとめられたところから、この名がある）の男どもが、そこここでトレードマークのターバンを頭に巻いているのだが……その巻き方が奇妙というか、面白いのだ。

まずターバンの端をそこらに生えている木の幹に固定する。そしてもう一方の端を自分の頭に固定。ターバンは一枚の細長い布だから、男どもはいったんその木から数メートル遠ざかり、ターバンをピーンと張る。そして今度は自ら体を回転させて頭にそれを巻き付けながら木に接近していく。最後に木に固定した端を解き、作業を終えるのだ。

「へーーー！　ターバンって、あんな風に巻くのか……」

可笑しくなった。全く、インドという国は！

深夜軽トラの荷台で運ばれる行者。

無数の物乞い。

そして今はあっちでクルクル、こっちでクルクル、独楽《こま》のように体を回転させているシーク族……。

輝く朝の光に満たされた部屋の中央に、デンと座った。蓮華座を組み、両掌を重ねて下腹の元に置き、暫し黙想する。色んな鳥の声、人の声、そして街中を走る車の音。

さて、これからどうしたものか。ホテルは一泊しか予約されていない。だからこの後、すぐに行動しなければならない。

連れもいない。知人もいない。

南へ行くか、それとも北か。北はもっと寒いかもしれない。寒いのは、嫌だ。

よし！　ならば、南へ下ろう！　インド亜大陸を、南へ、南へ。

洗顔と支払いをすませ、私は既にボロボロになったバックパックを背負った。そして、ホテルを出た。

さあ！　ここからが正念場、本当のインド旅行だ！

まずは、デリーの街へ出てみよう。そして食事を採った後で駅を探し、汽車で南下しよう。デリーの街はいわゆるニューデリーとオールドデリーの二つに分かれるが、とりあえずはニューデリーだ！

そういえば、腹も減った。よーし、本場のカレーを喰ってやる！

六

ニューデリーの、雑踏。

人、人、人、そして車、車、車、といってもほとんどがバタバタと呼ばれる三輪車のボロボロの自動車。やけにダンプトラックも目につく。そしてリキシャと和名がついた自転車で引っ張る簡易タクシー。

至るところに原色の看板。字はサッパリ読めない。

自動車道は舗装されているが、その脇の歩道（というか、土地）は土がむき出しで、土埃が立つ。かと思えば、何故濡れているのか、ぬかるみも結構ある。そこへ、露天商が様々な商品を所狭しと並べているのだ。

汚い泥の上に野菜……あんなもの、誰が買うんだろうか。と、思いきや、その汚いぬかるみを美しいサリーを纏った女性達がシャリン、シャリンと実に涼しげな音を立てて歩み通る。彼女らの足首に幾重にも付けられた金属製の足輪が鳴らす音だ。

突如、巨大な牛がヌッと現れる。インドでは神聖視されているため、殺されもせずに悠々と街中を歩く、野良牛だ。これがまたそこここにいる。そして牛が車道に出てしゃがみ込もうものなら、車はしばらく牛が移動するのを待ち(!)、中々立ち去らないと見るや大きく牛を迂回して進むのだ。牛一頭のために、大渋滞。

その看板だけは英語で書かれている「ツーリスト・オフィス」を見つけ出し、そこで情報を得るとともに地図ももらう。駅への道は、何とかわかりそうだ。

その安堵感からか、ますます腹が減ってくる。

いよいよカレーを食べに行くか！　しかし旅行者向けのレストランは止めよう。どうせなら地元民が入るような「お食事処」的な店を探そうと思った。そして見つけた。

中へ入ると、よほど黄色人種が珍しいのか、多くのデップリ太ったインドの男達が私の方をジロジロと見た。気にせずに注文。するとバナナの葉っぱに盛られた御飯がまずは運ばれてきた。

「おや？　インドでは普通の御飯に胡麻でもふって食べるのだろうか」

一瞬、そう思った。上に少なからず黒いものが乗っていたからだ。

ところがその黒いものが、動いた！

「え？」

それは、御飯の上に止まる無数の蝿だったのだ！

「ギャアッ、何だこれは！」

悲鳴を上げて手で追いやると、蝿は一斉に飛び去り、瞬間それは白御飯に戻った。が、またすぐに戻ってくる！　そのつど、手で追い散らさなければならない。

「何なんだコレは！　そういえば店の周りは牛の糞だらけだったが、まさかコイツら……」

やがて三種類のカレーがそれぞれ小さい金属製の器に入れられて運ばれてきた。なるほど、これらを混ぜてかけるわけか。で、食べてみた。

うまい！　それに、あまり辛くない！

少し、元気になった。

うまいうまいとしばらく食べていたら、口の中が何だかモゾモゾする。

「ん？……アッ、ウワアーッ!!!」

口中のカレーめがけ、蝿が口の中にまで飛び込んでくるのだ！

「た、たまらん！　もう食べるの止めよう」

半分以上残して食欲も何も失せてしまった。私の悪戦苦闘を楽しげに見ていたインド人客達は、ニヤニヤ笑いながら平然と蝿のたかるカレーを右手ですくい、握り潰

コブラ使い

すようにして口に運んで食べていた。気の毒に思ったか、店の人間が私にはスプーンを持ってきてくれていたのだが……もはやこれまでだ！

「残りと葉っぱは、ここに捨ててくれ」

店の人間が、指で指図した。見ると、ダスターシュートのようなものがある。しかたなくそこへ運び中をのぞいて腰が抜けそうになった。何と、そのダスターシュートの終点には牛の顔が見えたのだ！　残りの葉っぱや残飯は、彼らが綺麗に食べてくれるというわけか……思わず、うなった。ちなみに料理に使う燃料は、パリパリに乾かした牛の糞なのだ。

無駄がないといえばいえるが、何て不潔なんだ！

駅の物売りの少年達

えらい所へ来てしまった。

本当に、そう思った。

しかし、こんなことはまだ、準備運動にさえなっていなかったのだ。

ほうほうの体で店を出てしばらく後、私はとても信じられない光景を目にすることになる。

七

とりあえず、駅に向かった。もうデリーはこりごりだ。今日のうちにアグラへ行こう！　あそこはデリーから汽車で数時間。有名なタージマハルを有する観光地だ。ここよりは少し、マシなはず……。


やがて駅が見えだした。ホッとしてふと車行き交う車道を見て、ブッ飛んだ！

「誰か、車道の上で……寝ているッ！」

危ない！　なんであんな所に寝てるんだアイツは?!

思わず駆け寄った。

それは腰巻きしか身に付けていない、若い男だった。生まれてこの方、一度も風呂に入ったこともないほどに、体は垢まみれだった。髪もボサボサで伸び放題……。だが、男は寝ているのではなかった。

死んでいたのだ！

右脇腹が、バックリと裂けていて、路面は血に染まっている。ところが、その血の色が驚くほどに、薄いのだ！

真っ赤ではない！　むしろ、それはピンク色に見えた。

「恐らく車に跳ねられたんだ！　それにしても何で皆、何もしない?!　このままではまた車に次々にひかれ、この男の遺体はぐちゃぐちゃになってしまうではないか！」

その男が倒れている脇で、しかし自分はどうすることもできない。日本ならともかく、こんな異国では……否、だいいち日本では考えられない、異常事態なのだ！

誰かに肩を叩かれた気がした。振り返ると、その形《なり》からいかにも旅慣れした、白人の中年男性の旅行者がいた。その彼が、言った。

「アンタッチャブル、ノーマーシー」

「え……」

そいつは不可触賤民だ、放っておけ……だって？

一瞬息が止まった私に彼はそう言い残し、寂しそうな笑顔（私にはそう見えた）と共に、その場を足早に去った。ぼうぜんと見送る私に、背中で「お前さんも、もうそれ以上関わり合いにはなるな」と語りながら。

不可触賤民……聞いている。ガンジーが、せめて「ハリジャン（神の子）」と呼んだ、カースト（インドの身分制度）最下層の人間達。

触ってはならない。

話しかけてはならない。

そして、見てはならない。


人間でありながら、動物よりも身分が低い、忌み嫌われる存在。

バ、バカなッ!!!
差別はどこの国にも存在する！　だが、これはバカげている！　彼は人間だ！

牛を見ろ！　牛が道路に飛び出せば、車は止まったではないか！　なのに、何故彼を轢《ひ》いて平気でいられる?!

何故、車は止まらぬ?!

何故、誰も助けようとしない?!


何という理不尽！

何という不条理！

こんな国が、二十世紀の今、まだ存在するのか……。このときの気持ちは、今もって忘れられない。嗚呼、俺は何でこんな最低の国にわざわざ来てしまったのか。東洋文化の源流として漠然とながら抱いてきたこの国に対する一種の憧れは、だからこの瞬間にいったん、木っ端微塵に砕け散った。そして同時に、自分という人間のあまりの小ささ、無力さを思い知らされたのだ。

それはまだ、インドに来てたった一日目の出来事だった。

八

何もないのだ。
何も、起こってなどいない。
体全体でそう表現するかのように、インド人達、そしてその姿にときおり混ざる旅行者達によって作られる人の波は、その動きが止まることも絶えることもなく動く、いや、流れる。

自分も、その流れの一部でしかない。
道に倒れた男の姿が、段々と小さくなる。そして、やがて見えなくなった。

「………」

これでよいのか。
これで、よかったのか。
わからない。

「インドではハッキリした身分制度があるのはご存知ですね。いいですか炭粉さん、向こうに行ったら『不可触賤民』と呼ばれる人達がいます。実際に彼らを見たらショックを受けるでしょうが、関わりにならないことです。もし関われば、あなた自身も不利になりますから」
出発前に、このフリーツアーを企画した件の旅行会社の男性スタッフが教えてくれていた。しかしまさか旅行一日目にして、こんな形で彼らの姿を見ることになるとは思わなかった。

とにかく、アグラに行こう。
それしか、ないじゃないか。強引にそう思い、引かれる後ろ髪を断ち切った。

駅に着いた。
構内に入るとそれはだだっ広い空間だが、やはりここでも人、人、人だ！ いったい、何人いるのだろう。とにかく人間のるつぼ。まだ慣れない英語で必死に汽車と出発ホームを確認し、切符を買った。インドの汽車は（人間に対してと同じく）車両の等級がハッキリと分かれ、一等から五等ぐらいまであると聞く。しかしまあ、基本的に切符さえあれば後は好きな車両に乗ってから追加料金を払えばよい、と軽く考えていた。

この頃からやっと、自分が出発前に想像していたインドらしいことが起きているのに気がついた。

「暑い！」

昇った太陽はギラギラと容赦なく照りつけ、無数の人いきれとともに我慢できるかどうかも心配なほどの不快な暑さになって襲ってきた。だからといって、日本のように気の利いた空調付の店などない。あたりを見渡せば、喫茶店らしき店はあるにはあるが、さっきの食堂で懲りている。だからホームで待つことにした。

しばらくすると、別のホームに列車が入ってきた。

その様子を見て、またもや度肝を抜かれた！

何とまだ列車が止まってないというのに、貧しい身なりの乗客達は徐行している列車に合わせて一斉に走り出す！　そして次々に列車に飛び乗っていくのだ！　だから車両が停止したときにはほとんど全員が乗り込んでしまった後。しかも立錐の余地もないほどの、ギュウギュウ詰めの超満員。出入り口にも人が落ちそうなほどに溢れ、車内上部に設えてある荷物用の棚にさえ、沢山の人が腰掛けているのが見えた。

このクソ暑い中を、こんな状態で数時間乗車だって？

冗談じゃないッ！

私はすぐに切符売り場に飛んでいき、そして言った。

「アグラまで一等車両を頼む！　金なら、ある！」

九

その日の夕暮れ、アグラに着いた。汽車の中でのことはほとんど覚えていない。ただ、さすがに一等車両だけあって乗客のインド人達は皆、落ち着いた紳士淑女に見えた。そして私のような汚い身なり（Tシャツに膝の所で切ったジーパン、そして運動靴）の旅行者の姿はなかった。

少し焦ったのを覚えている。一等車両に乗車するなど、これからインドを「放浪」しようとする者がやってはならないことではなかったか……と。

車内食は、打って変わって清潔なものだった。金属製のトレイに、やはりカレーライスのメニューだった。蝿は、たかっていない。日本を出発してから初めてまともに食事ができた。

食べたら、眠くなる。

すさまじいほどの、未経験のラッシュ。それに対する精神的疲れも手伝い、これもまた出発前に受けた旅行会社のスタッフの言い付けどおりに女性用ストッキングに旅券と金とを入れて腹に巻き付けたまま、眠りに落ちたのだ。

観光地アグラ、といっても、随分と田舎に見えた。ニューデリーの雑踏の洗礼を受けた後でもあったからだが、人の数は随分少なく思えた。その分、駅前の風景もノンビリしたものに感じた。

牛は……いない。今のところ。

さて、タージマハル見物は明日にして、とにかく宿を探さなければならない。インドでは日本円にして百円にもならない安いホテルが沢山あり、交渉次第ではさらに安くなると聞いた。だから初日に泊まったホテルは「実は三文ホテルとは言えず、かなり良い方だ」と旅行会社のスタッフも語っていた。ただ、「そういう旅をするなら、必ずシュラフ（寝袋）を持っていけ」と意味不明の言葉も付け加えていた。「野宿用にですか？」と聞いたが、「行けばわかります。あんまり事前に教え過ぎるのも、インド旅行の面白さをそぎますから」とのことだった。

だがその理由は、その夜に文字どおり痛いほどにわかることになる。

大した苦労もなく、安宿はすぐに見つけることができた。大概は駅周辺にあるだろうとの見当が、大当たりだった。見れば、申しわけ程度のロビーにヒッピー風の白人旅行者達が数人いて、煙草を吸っている。

値段を聞いて、驚いた。安い！　こんな値段なら、何も交渉などする必要もない。

さらに、こうも思った。「インド各地の駅前にこれほど安い宿がすぐに見つかるのなら、もうどこだって行けるぞ！」と。

それは、そのとおりだった。けれども「どこだって行ける」ためにはもう一つ、インドの洗礼を受けなければならなかったのだが。

日は落ちた。どうせすることもなく、また疲れてもいたので、明日のためにすぐ寝ることにした。「シャワーはないぞ」宿のオヤジの言葉を背中で聞いて、「ノープロブレム」と振り返らず答え、部屋に向かう（この先十数日間、風呂にもシャワーにもありつけなくなることも知らずに……）。鍵を開けて中に入ると、案の定小さく汚い部屋だった。ベッドも酷いもんだ。もし日本の女性観光客だったら、見ただけで泣き出すであろうほどにシーツも汚れていた。

ははあ……洗濯なんか、しないわけか。まあこちらの体も汗まみれのままだから、いい勝負だ。

とにかく寝よう。

ベッドの上にゴロリと横になり、そして今日起こったことを反芻した。

あの路上の男の死体、どうなったろうか……。あのまま、グチャグチャにされてしまうのだろうか。それとも仲間が来て引っ張って帰ったろうか。

そういえばバラナシ（ベナレス）の方では死体を茶毘《だび》に付し、その灰を母なる川ガンガ（ガンジス川）に流すも、ときおり燃え残った手足を野犬が喰うという。そしてその光景の横で、人々がガンガの川の水を聖なる水として口をゆすぎ、沐浴すると聞く。

今朝の、あのまぶしく輝く朝日は何だったんだろう……。この国の文化とは、いったい何だ？ここは確か、ブッダである釈迦が生まれた国ではなかったのか。

釈迦は言った。

「人は生まれにより貴賎があるのではない。貴族が石を池に投げたとして、その石が浮いてくるだろうか。また、賤民が同じことをしたら違う結果になるのだろうか。否、結果は誰しも同じであり、人はみなこれと同様に同じなのだ。ただ、人としての行いによってのみ、貴賤が生じるのだ」

嗚呼！　偉大なる釈迦族の聖者・ゴータマ・シッダルタよ、この国からあなたの教えが消えて久しい。身分制度は元に戻ってしまい、それどころかかえって酷くなったのかもしれない。

我々日本人の心のどこかには「インドは仏国」とのイメージが今まであった。三蔵法師達が想像を絶する苦労の果てにこの国を訪れ、ありがたいお経を中国に持ち帰って下さった。そのお経が海を渡り、日本にまで伝わった。それが我々日本人の精神文化にまでなったのに……。

インドの中流家庭の少女達

目頭が熱くなったことまでは覚えている。しかしやがて、深い眠りに落ちていった。

夜中に突然、異変を感じた。そして目が覚める。

体中が、痒い！　いや、痛い！　それに何だか、ゴソゴソする……。飛び起きて、明かりをつけた。またしても、仰天ッ！

「なッ、何だこれはあ!!!」

それは昼間はベッドや椅子の陰に潜んでいた、無数の南京虫だったのだ！

「ウワアアアッ！」

ベッドから飛び退き、手で払い除け足で踏み潰す。

「コ、コイツらぁー！」

体に喰いついているヤツらも、もぎ取って床に叩きつける。

かなり、咬まれた！

南京虫はペンチのような形の歯（というより牙）が二本あり、これに咬まれると傷穴が二つできるからすぐにわかると、昔父から聞いたことがあったが、まさに！　姿は（よくいえば）テントウ虫をふたまわりほど小さくしたような形だ。

「クッソー、おちおち寝てもいられない！」

そこでハッと気が付いた。

「そうか！　だからシュラフが要るのか！」

そうなのだ。インドには安宿は沢山ある。しかしそういうところの部屋には、それこそ南京虫がウジャウジャいる。夜になればゴソゴソと活動を開始なさるのだ。だから椅子やベッドは絶対に「信用」できないのだ。しかたなく私はシュラフの中に入り、ファスナーを厳重に上まで閉め、そして床で寝た。

それにしても、いまいましい！　クソー、咬まれたところが痒い！　何だか、咬まれてないところもムズムズする……。

あまり眠れないうちに、朝がきた。

洗顔もせず(水道とて、こうなったら疑わしい。どんな水が出てくるか、わかったモンじゃない！)、そのままシュラフを巻きバックパック上部に取り付けて背負い、宿を出た。

とりあえず、どこかで朝食を取らなければならない。喫茶店に毛が生えたような、汚い食堂が並ぶ。このあたりはデリーと同じだ。しかしもう、嫌がってもどうしようもない。その中の一つに入った。

「グッモーニン」

店主のオヤジが声をかけてくる。

「何がグッモーニンなモンか！」

心の中で、そう反発する。

「御注文は？」

ところでインドでは、どんな田舎へ行っても英語がよく通じる。むろんかつて英領だったからだが、実はインドには多くの（一説によれば五百を超える）方言がある。しかもそれらが日本の方言のように語尾変化やイントネーションの違いなどという生やさしいものではなく、文法からして全く異なるまるっきり別の言語なのだ。だから異なる方言間では、意志の疎通ができない。それ故インド人達にとって、英語は実に便利なのだ。これさえ覚えればインド国中どこでも話ができるという寸法だ。

「じゃあ、トーストとチャイ（チャイとは、紅茶を牛乳でいれた飲み物。中国に渡り「茶」の語源になったとか）」

腰掛ける前に、思わず椅子を見た。木製の椅子の継ぎ目の隙間に……いるわいるわ、ビッシリと南京虫が。明るいうちは、行動しない。

「何て憎たらしいヤツらだ！　ここが日本なら、爪楊枝を使って皆殺しにしてやるのに……」

運ばれてきたトーストとチャイ。そのコップを見て、身震いした。洗ってないのだ！　ガラス製のそれには無数の指紋や唇の痕が……。

「オヤジ！　こんなコップで飲めるか！」

怒鳴れば、オヤジは首を横に傾がせてみせる。インド人が首を横に振るのは、肯定の意味である。
「それはインドでは当たり前だよ。皆それで飲んでる」と言いたいのだ。

「じゃ……せめてストローをくれ！」

こんなコップに、口をつける気になれるかッ！

「お前、それホットだよ。それをストローで飲むのかい」
「いいから、持ってこいッ！」
「へいへい」

首を横に倒したまま、オヤジは引っ込み、やがて一本のストローを持って戻ってきた。

「はいよ、勝手にしな」

そのストローを見て、愕然とした。そして思わず立ち上がる。

「オヤジ！」

そのストローも、使い回しだったのだ。誰かが噛んだ痕がいっぱいついている。

お互い、しばらくの間、無言で睨み合う。よく見ると……インド人特有の、彫りの深い哲学的な顔立ちだ。髭も濃いが、目の色も濃く、深い。

「………」

インド人の真似をして、首を横に倒した。そして、座り直す。

「そうか、ここはインドだ。日本では……ない」

オヤジは一本欠けている黄ばんだ前歯を見せてニヤッと笑い、その場を離れていった。

何とか食事をすませ、街に出た。ツーリストオフィスを探し出して、タージマハルまでの道のりに関する情報を得なければならない。歩いているうちに、便意をもよおした。

「そうか、しまった！　まだトイレに行ってなかった……」

インドに公衆トイレなどという気の利いたモノがあるわけもない。とはいえダメ元で、数人で煙草を吸って語らう露天商の男達に尋ねてみた。

「え？　公衆トイレがあるかって？」

そりゃ、あるさ！　と、男達が笑って答えた。

これは意外だ、ありがたい！

一人の男が指差した。

「ほら、あそこにある小屋がそうだ」

「サンキュー！」

小走りに向かおうとすると、その中の誰かが聞いてきた。

「お前、旅行者か？」

トイレがあったことに安心感を覚え、ほんの少し饒舌になる。

「イエス！　アイケイム ヒア ロングウエイフロムジャパン（ああ！　日本からはるばるやってきたのさ）」

「なら、あんまりお薦めできんがな……」

え？　どういう意味だ？　まあいい、そんなこと、考えてられるか！　とにかく、その小屋に早足で歩く。後ろで男達が笑っているような気配を感じながら。

到着！　で、建て付けが良くない開きにくい木戸を強引に開けた。そして中を見た瞬間……。

「ウギャアアア!!!　なッ……何だコレはあああッ!!!」

十二畳ほどの広さの木床の部屋の一番奥に、インド式の便器がたった一つだけある。そしてその部屋全体の床には……。言うのを、止めよう！

ただこれだけは言っておこう。後から聞いて知ったのだが、インドのある宗教の信者達（人口のかなりの割合を占める）は、他人が排便した場所は「不浄の場所」と見なし、決して同じ場所には排便しないという。後はその惨状を、想像して頂くしか、ない！

「なッ……何のための便器なんだーーーッ!!!」

たまらず木戸を閉め、外に飛び出した。

私のその慌てふためいた姿を見て、さぞかし先ほどの男達は大笑いしていることだろう、クソッ（文字どおり……）！　トイレが使えぬとなれば、ますます便意は高まってくる。しかたがない、もうこうなったら野糞しかない！

人目に触れにくい、適当な場所を探す。アグラは大都会ではないため、割に簡単に見つけられた。露天商や店が並ぶ目抜き通りを外れしばらく行くと、草むら（というか、日本人の私には小規模のジャングルに見えた）がある。そこへ飛び込み、ジーパンとパンツを下ろしてしゃがむ！

手っ取り早くすまさなければ！　人が来る……というよりは、こんな所、毒蛇や（ひょっとしたら）虎が出るかもしれない！　インドくんだりまで来て、ケツ丸出しの姿で虎に喰われて死んだとあっちゃあ、御先祖様に顔向けできんッ！

虎は、出なかった。

毒蛇も、現れなかった。

代わりに……とんでもないモノが、現れたのだ！

排便の気持ち良さに思わずホッとして、しゃがんだままで真っ青な空を見上げたとき、そこには真っ白な雲の他にもう一つ、想像もしなかった（というよりも、あってはならない）モノが、見えたのだ！

「ハッロオオ～」

「!!!」

それは私より年上、恐らくは三十代前半あたりの、金髪の美しい白人女性の顔だった！　その顔が、挨拶してきたのだ！　しゃがんで用を足している私の背後から、上からのぞき見るように……。

全く、気が付かなかった！

「ハ、ハロ～って、アンタ……」

どう答えたらよいのだ？　日本男子として、これ以上ない情けない姿をさらしたままで！

「横、いいかしら？」

「えッッ！」

言うが早いか、その美しい女性はジーンズと下着をずらし、私の横にしゃがみ込んだのだ（お断りしておく、これは事実である。私の作り話ではない）!!

「私達ツーリストって、大変よね。何せこの国のトイレ事情は酷いもの……私もインドを旅してもう半年ほども経つけれど、お金持ちの人達と違って貧乏な……というか、何かを求めてこの国を旅する者にとっては、地球というトイレが一番だと気付いたの」

そう語るや、あろうことか彼女は私の横にしゃがんだまま、放尿し始めたのだッ！

「うわあ！　きッ、汚い！」

彼女の尿が私の足元に流れてきて、思わず飛び退いた。すると彼女はケタケタと笑いながら、こう言った。

「こんなことで驚くなんて、あなたインドについては初心者ね。まだ来たばっかりなんでしょ！」

図星である。

「でもね、すぐに慣れるわ。また慣れなければ、とてもこの国を旅することなんてできない……」

そうかも、しれない。

初めこそ仰天し、唖然ともしたが、今この女性とお互いに隣同士、並んで下半身丸出しの姿でしゃがみ込み、用を足している……全く見ず知らずの二人の異国人の間にこのとき生まれる、不思議な連帯感。

この女性は、恐らく自国でよほどのことがあったのだ。それを忘れるため？　あるいは新たに何かを求めるため？　インドにやってきたのだ、きっと。

たった、一人で。

何故だか、そう思った。そう、思えた。

いつしか（といっても、時間にすればわずか数分のことではあったが）「格好悪い！」とか「汚い！」という気持ちが、全く消え去っていた。

「あなた、これからタージマハルに行くの？　あそこはすごいわよ！　あなたの旅が思い出深いものになるといいわね」

そう言って、その女性は立ち上がり、ジーンズを上げた。

「じゃ、グッドラック！　つき合わせてくれて、ありがとう」


そう言い残して、彼女は去った。

一期一会。それもこんな姿、こんな状況で。

間抜けなことに、用足しはとっくに終わっていたにもかかわらず、ずっとしゃがんだままだったことに今頃思い至った。

今さらながらに立ち上がる。

何故だか彼女のは「ジーンズ」、自分のは「ジーパン」、そんな気がした。そのジーパンを、パンツと共に引っ張り上げた。


このとき、何かが、吹っ切れた。

そして、いかにも熟練の旅行者を思わせる決して綺麗な服装ではないその白人女性の背が高く細い後ろ姿を見送りながら、私は何故か深々と頭を下げ、礼を執っていた。


さあ、行こう！

タージマハルへ。

ある意味このインドにおいて最も有名な、三百年以上も前の建造物を見に行こう！

草むらの上に転がしたバックパックを拾い上げ、背負った。そして歩き出す。

数歩歩いて、気が付いた。

「あ、ケツ拭くの忘れた……」

十二

それは今までに見たこともない（というより、ちっぽけな島国・日本ではあり得ない）、あまりにもスケールの大きな異郷の趣漂う、豪華の極みを備えた巨大な建造物だった。

タージマハル。

ムガール帝国第五代皇帝・シャー・ジャハンが愛妃ムムターズ・マハルの死を悼み、膨大な資金を費やして建設した墓廟である。着工一六三二年、完成一六五三年。敷地面積、五百八十メートル×三百メートル。その四方にはイスラム建築のシンボル的存在、ミナレット（尖塔）が四本そびえ立つ。

総大理石造り……その中央のドームの下には、皇帝と妃の棺が並んで置かれている（実はこれはダミーであり、本当の棺は地下に保管されている）。

「すごい……こんなものを、よくぞ造ったものだ……」

白亜に輝く、威風堂々！　しかしどこか……女性的な、そして不思議な哀しさを湛えた建物。入口の所で（宗教上の理由から）靴を脱がされ、灼熱の太陽の下、卵を落とせば即座に目玉焼きができるのではないかと思えるほどに熱くなった大理石の道を小走りに走りながら、初めてその姿を見たとたん、そんな熱さも忘れ息をのんだ。

そう、この建物はしかし、どこか哀しいのだ。そう見えたのはタージマハルにまつわる、以下の物語を知っていたからかもしれない……。

皇帝シャー・ジャハンは妃をこよなく愛したが、実は自分が死んだ後のためにタージマハルの脇を流れるヤムナー川の対岸に、同じ形で色だけ反対の黒大理石造りの廟を建て、タージマハル即ち自分の妃の墓廟と、同じく大理石の橋で結ぶ予定だった。だが膨大な出費に強制労働、耐えかねた民がついに反乱を起こし世が乱れる。

この事態を受けた息子アウラングゼブ帝が、父親シャー・ジャハンをアグラ城に幽閉してしまうのだ。シャー・ジャハンはこのアグラ城からタージマハルを眺めては、死ぬまで泣き暮らしたという。黒大理石造りの廟の建設は頓挫し、今もその未完成の姿を川の対岸に寂しく残している……むしろ私は、川の向こう遥かに霞むその黒大理石の哀れな建物の方にこそ、心ひかれる思いだった。

この世界的な遺産ともいうべき（現にその後「世界遺産」に認定されている）素晴らしい建造物を後にした私は、昨夜泊まったと同じ安宿にもう一泊する。もちろん、寝る前には万全の南京虫対策を施し、シュラフにくるまって。

そして、タージマハルの物語と非常に似ている、古代インドを舞台とした、ある悲劇を思い出していた。

十三

「王舎城の悲劇」……その物語は、我が国ではそう呼ばれている。そしてその物語は「観無量寿経」が今に伝えている。

今からざっと二千五百年ほども前のインド。釈迦、即ち偉大なるブッダの時代。

マガタという名の強国が北インドを治めていた。その頃の国王ビンビサーラ（頻婆娑羅）は賢帝の誉れ高い人であった。ある日王は、見目麗しい一人の若きシャモン（沙門、修行僧）を見出す。「あのシャモンはさぞかし身分の高い者に違いない。恐らくは偉大な悟りを得られた方だ」と直感した王は部下に命じて後をつけさせ、その所在を知るや直ちに王自らその修行地に向かう。そのシャモンこそ、己の身分をかなぐり捨てて出家間もないシッダルタ即ち後のブッダ（仏陀）だった。

「若きシャモンよ、我のために教えを説き給え」

懇願する王に向かい、シッダルタは言う。

「王よ、私は見てのとおり、これから長い修行が必要な駆け出しのシャモンに過ぎません」

ビンビサーラ王応えて曰く、

「わかりました。しかしこのビンビサーラの目に狂いはない。そなたこそ、偉大なる悟りを得られる方と見た。大悟の暁にはどうか、どうかこのビンビサーラに教えを説き給え。私はそれまで、いくらでも待っております」

懇願するビンビサーラ王の姿に打たれ、それを約したシッダルタだったが、しかし王がこれほどまでに熱心に頼むには、理由があった。

王には一つ、深い悩みがあったのだ。

長らくの間、妃であるバイデーヒー（韋提希）夫人との間に子供ができなかった。そこで占い師に観てもらうと、その占い師はこう言った。

「山に今、ある仙人が修行している。この仙人は三年の後に死ぬ。その後であなた方に息子ができるだろう」

だが、王には三年が待てなかった。山に入り、その仙人を殺してしまったのだ。はたして、夫人はすぐに身ごもった。王は喜び、占い師にそのことを報告するや、その占い師はこう告げた。

「あなたは何ということをしたのか！　早く自分の息子が欲しいばかりに殺生をするとは……生まれ出る子は生まれながらにして、あなたを恨み、殺そうとするであろう。何故ならその子は仙人の生まれ変わりだからだ」

その言葉にビンビサーラ王は苦しみ抜く。夫人を高い場所に連れていき、そこから子を生ませて墜落死させようとも画策したが、できなかった。そして生まれた王子アジャータシャトル（阿闍世）を、ついに殺し切れなかった。

王子が成長するにしたがい、王はいよいよ悩み恐れる。息子は今に自分に刃を向けるに違いないと。

一方、シッダルタは王に会って後五年の修行の末、ピッパラの木（菩提樹）の下でついに悟りブッダ（「目覚めた者」との意）となる。そして約束どおりに王に教えを説くが……やがてブッダの教団が大きくなったとき、こともあろうにブッダの従兄弟であり弟子でもあるダイバダッタ（提婆達多）が反乱を画策、アジャータシャトルに近づき唆《そそのか》す。

「私達の天下にしようではないか！　王子が父王を、私がブッダを殺せば、そうなる……」

ダイバダッタの口車に乗ったアジャータシャトル王子は、ついに父王ビンビサーラをマガタ国の首都ラージャガハ（王舎城）の塔の中に監禁し、バイデーヒー夫人の献身的な努力も虚しく、その塔の中でついに王は餓死してしまうのだった……。

この物語はその頃の私の愛読書である手塚治虫先生の大作『ブッダ』にも描かれるが、手塚先生はこの物語をよりドラマチックに、以下のように創作されている。

ダイバダッタの甘言に乗り、父王ビンビサーラを閉じ込めた後のこと。ある日アジャータシャトル王子の息子が泣きながら城に帰ってくる。どうしたのかと問うと、毒虫に刺されたという。見ればば腕が腫れているではないか。王子は優しく息子の毒を吸い出してやる。その様子を見ていた母バイデーヒーは思わず叫ぶ。

「嗚呼、王子！　我が息子よ、そなたの父上もその昔、そなたが同じように毒虫に刺されて泣いて帰ったとき、そなたに同じことをされたのです！」

その母の言葉にハッと我に返ったアジャータシャトル王子は慟哭する。

「私は父上に対し、何という愚かなことをしたのだ！　父上、この親不孝者の息子をどうか、どうかお許し下さい！　今すぐ、お助け申し上げます！」

「父上ー！　父上ー！」

叫びながら必死に塔を駆け上るアジャータシャトル。しかし、嗚呼、このときビンビサーラ王は……衰弱しきった彼の耳には、ついに息子が自分を亡き者にしようと駆け上ってきた、その雄叫びに聞こえたのだ。

「おのれアジャータシャトル！　むざむざ息子のお前に殺されるくらいなら……」

扉が開けられる！

「父上、おお！　どうか、どうかこの愚か者を……」
「寄るな息子よ！」
「な、何をなさるお積もりですか父上ッ！」

そして息子の目の前で、憐れ父王ビンビサーラは塔から飛び降り、果ててしまうのだった。茫然自失の、アジャータシャトル。

王舎城の、悲劇……。

十四

ブッダ
ビンビサーラ
アジャータシャトル
そして、ダイバダッタ……

そうだ！
ブッダの国へ行こう。
仏教が廃れたインドからはいったん離れて……。
セイロンに渡ろう！
敬虔な仏教国、スリランカに行こう！
そう思いながら、やがて眠りに落ちていった。

一度デリーに戻り、一泊。次の朝七時発の急行にてマドラスまで南下。三十六時間かかった。そこで二泊して、今度は各駅停車に乗ってさらに二十二時間、スリランカへの海の玄関口・ラメスワラームという田舎町にたどり着く。そこで船に乗り、スリランカへと渡る。三時間半で、スリランカの土を踏んだ。その場所で駅を探し、ホームの上で野宿。シュラフにくるまって月の綺麗な夜空を眺めながら寝た。

次の日朝一番の汽車に乗り、首都コロンボに向かう。途中一度乗り換え、十二時間かかった。二泊の後、スリランカ第二の都市キャンディに移動し、そこからさらにバスに乗りジャングルを数時間走る。そして……。ついに、目的地であるシギリアに着く！

何故シギリアに向かったかというと、例の浪人時代に見た世界の秘境を紹介するテレビ番組で「シギリア・レディ」と呼ばれる岩肌に描かれた絵を見ていたからだ。仏教国にしてはエロチックな上半身裸の豊満な女性達が描かれているのだが、何とその場所が高さ百メートルの巨大な岩の上部の壁面なのだ！

昔そこの王がこの巨岩をそのまま城にしたらしく、登り口には巨大な獣の足の彫刻を配し、その頂上に玉座やプールを作っているのだ。その玉座近くの（それこそ目も眩むほど垂直に切り立った）

シギリアの巨岩

巨岩の登り口

頂上への階段

頂上の玉座

壁面に、彼女達は描かれている。今では観光用に（けれども粗末でスリル満点の）階段と通路が岩肌に取り付けられているので簡単に見ることができるが（それでも下は見ないほうがよい。高所恐怖症の方々にはとてもムリだろう）、その昔いったいどうやってこんな所で描いたの

シギリア・レディ

だろう。というか、こんな魅惑的な女性、もっと見やすい所に描けばよいのに……と不謹慎ながらも思った。それこそ、昔は描くのも見るのも命がけだったに違いない。

ところで、アグラにて「スリランカに渡ろう」と決心してからの大移動は、私をすさまじく旅慣れさせた。何せインドではデリーやアグラと同じような経験が次々に襲ってくる。けれども覚悟を決めた私は汽車は全て二等車両、そして宿泊は一泊五ルピー（当時の日本円換算で百五十円）を超えない安宿か、もしくは野宿だった。

南京虫、蝿、蚊、それに得体のしれない虫。不衛生極まる食べ物に飲み物、そしてそれらを入れる食器やスプーン……。

もう、何ともない！

ドンとこいである。若いということはまことにもって素晴らしい。また自分にこれほどの適応力があるのも意外だった。

スリランカに渡ると、インドとは全く違って町や村の雰囲気はグンとよくなる。この国は仏教国であり、カースト（身分制度）がない！　だから不可触賤民も存在しない。平和な島国なのだ（悲しむべきことに私が帰国して数年の後、初めは民族紛争からテロに発展、長い間血で血を洗う国情となってしまうのだが……)。

身分制度というものがどれだけ非人間的なものかを、私は体で学んだ。「人間に、差別はない」そう優しく人々に教えたブッダの慈悲があまねく降り注がれる、素晴らしい国スリランカ。その国号は「住み良い国」を意味するという。まさに、そのとおりだ。

私は巨大な岩石とそこに描かれた「シギリア・レディ」以外にはさしたるものとてないこのシギリアというジャングルの中の小さな村を、大変気に入った。そして一週間逗留することになる。

宿は、寺である。金は取らない！　何と、タダ（といっても、境内の建物の床にシュラフを敷いて寝るのだが。けれど、南京虫はいない）！　さすがブッダの国と感心するも、それではあまりに悪いので、寺の少年僧と共に掃除などを手伝った。

朝になり目を覚ますと大勢の子供達が、黄色のモンゴロイドがよほど珍しいのか、私のシュラフをグルリと取り囲み目を輝かせて私の顔をのぞき込んでいる。それがまた、ものすごく可愛いのだ。私が起き上がるとキャーキャー言って喜び、自慢のダンスを踊ってくれる。

食事も、うまい！　中でもセイロンティーというくらいだ、紅茶のオレンジペコは絶品（余談だが、このオレンジペコを土産に沢山購入して持ち帰ったら、皆さんに絶賛された）！

思いで深い、このシギリアでの楽しい出来事を、次節にて御披露しよう。

十五

シギリアの村民のほとんどは、農業者だ。朝から森の自然を利用した畑に出る。けれども昼には昼食を取るために一旦帰宅する。弁当という文化がないのだ。

そこで私は「カレーおにぎり」を考案。インドやスリランカで炊く御飯は、日本に比べてパサパサ。だからそのままではおにぎりになりにくい。そこでカレー（スリランカでもカレーは一般的）を混ぜて粘り気を出し、おにぎりにする。これらをバナナの葉っぱにくるんで畑に持っていけば、いちいち帰宅しなくてすむと思ったのだ。「オオ、ライスボール！」と皆も喜んでくれた。

ところがこれが大失敗。スリランカの森には沢山の手長猿が生息しているのだが、その猿達がこのカレーおにぎりをすぐに盗み、木の上でパクパク食べてしまうのだ！

なるほど、だから彼らには弁当の文化がないのかと納得。けれども（これはインドでも同じだったが）人間と野生の動物達との垣根がない生活は、今までの自分の動物観に革命をもたらしてくれた。

何度も言うがスリランカは仏教国である。釈迦の説法は動物達も耳を傾けたといわれているだけあって、本当に野生の動物を気にしないのだ。追い払うこともせず、また猿が盗めないような工夫をするわけでもない。それが、その哲学がほほえましい。本当にブッダの慈悲の中に生かされている気がするのだった。

さて、そんな村の青年達がある日聞いてきた。「リョウ（彼らは私のことをそう呼ぶ）はカラテができるか？」と。この頃ちょうどブルース・リーの映画がスリランカでも流行っていて、私の顔を見て聞きたくなったのだろう。そこで私は「論より証拠」とばかりに、畑にて（畑は下が柔らかい土なので）拳法の投げ技で彼らを投げてやると、皆たいそう感動したらしく、若者だけではなく子供からお年寄りまで畑に集まってくるようになった。

こうして即興の青空拳法道場ができ上がる。腕に自信のある者に挑戦させ、それを投げる。何しろ関節技など全く知らないので、面白いように技がかかるのだ。そしてその後、投げ技に加えて突きや蹴りも教えた。

この青空拳法道場は大好評だったが、一つ困ったことが起きた。夜になると村の女の子達は皆、白人達が泊まる高級ホテルに土地の伝統ダンスを見せるアルバイトにいく。もちろん男達が護衛に就く。けれどそのホテルに行くにはジャングルを通過しなければならず、田舎のことだから夜は真っ暗で鼻をつまれてもわからないほどなのだ。だから男達は皆、松明を持つ。私も護衛に同行したとき、「リョウが先頭に立ってくれ。そして象が襲ってきたら、カラテでやっつけて欲しい」と頼まれてしまった。まあ、そんなことは起こらないだろうと思って安請負したら、本当に近くから「パオーーッ！」と象の鳴く声が聞こえたときには縮み上がったものだった。踏みつけられでもしたら、カラテどころか一発でノシイカになってしまう（笑）。

そんなこんなで、人なつっこい村人達に紛れての楽しい日々を送るうちに私は、「もう正直インドには戻りたくないなぁ……」などと思い始めていた。

実は、彼らも思いは同じだったのだ！

私をこの村に引き留めておきたい、と思ってくれていたのだ。

だから、やがて大変なことが起こった。

十六

「リョウよ、これはワシの孫娘だ。まだ十三歳だが、どうだ、可愛いだろう？」

寺の境内を掃いていたある日の朝、シギリアの長老の一人が寺を訪れてきて、いつものように私の周りに集まってきていた子供達の中の女の子を一人指差して、そう言った。

「お前は二十歳と聞く。少し歳は離れるが、どうだろう、この孫娘をお前の嫁にしてやってくれんか……」

突然のことに、ブッ飛んだ！

アジアの田舎では特に女子の結婚年齢が（月のものが始まればもう子供を産めるとの理由で）とても低い所が

シギリアの子供達（中央が長老の孫娘）

あると噂には聞いたことがある。だが、言うまでもなく私はまだ結婚する気など毛頭ない。

確かに（色は黒いが）可愛い娘だった……。

インドやスリランカ、そして東南アジアの国々では、日本はアジアにあって大変成功した豊かな国だというイメージが強い（余談だが、これらの国々で後年ＮＨＫドラマ「おしん」が大ヒットするのは、日本が苦しみの末に幸せを掴むというサクセスストーリーを「おしん」に重ねて見ていたからだ。筆者も三十二歳のときに仕事で再びインドや東南アジアを訪れたが、皆一生懸命に「おしん」を見ていたのには驚いた）。

事実、貨幣価値も断然日本が強い。何しろインドにおいては日本円にして百円そこそこで、南京虫と友達になることさえ厭わなければ一日充分過ごせるありさまなのだ。貨幣格差はスリランカも同じようなものだった。このことを逆に彼らの立場から見れば、もし私が彼女と結婚すれば、長老ひいては村人達にとって私という大変な金持ち（ただしスリランカにおいてのみ、そうなれる……）と親戚、あるいは知人になれるということだ。しかもコイツはカラテも知ってるし、それ以外にも色々と自分達の知らない世界を知っている……というわけだ。

けれども私には、その彼らの気持ちはとてもありがたく思えた。先ほども言ったように、シギリアをとても気に入っていたのだ。

だが、やはり日本人の目から見れば十三歳の女の子など、子供でしかない。日本では、まだ中学一年生なのだ！　そこで長老に丁寧にお断りを入れた。

「ありがとうございます。しかし私は日本人です。あなた方に故郷があるように、私にも故郷があります。そしてそこへ帰らないといけない」

「そうか、やはり無理か……お前の言うことは、よくわかる……」

残念そうな表情を残しながら、長老は去り際にしかしこう付け加えた。

「せめて今夜、ウチに来てくれ。そういえばまだお前の歓迎会もしていなかったしな。お前は普通の旅行者とは違う。色々と我々を手伝ってくれた」

喜んでお伺い致します、と約した。

そしてその夜のこと。

その長老の家（といっても、全部土間である。だから座るには御座を敷く。これがまた妙に懐かしいのだ……）に村中から人達が集まってきた。酒も出て（椰子の実の汁を発酵させたものだった。名は確か……アラック）皆よい気分になる。やがて村の長老達が松明を持って踊り出す。若者達が歌と手拍子を提供する。

言葉はあまりわからないが、しかし皆して私を歓迎してくれているということはヒシヒシと伝わってきた。

しかし一つだけ、気になることがあった。

それは私が座らされた（多分）上座にあって、私の右隣に例の長老の孫娘が座っていたことだ。

彼女は終始ニコニコしていた。何せ電灯も決して明るくはない。松明の明かりに照らし出される孫娘の彫りの深い顔立ちは、びっくりするほどに大人びて見えた。

「まさか…」

ふとそういう気持ちが浮かんだが、しかしせっかく皆が楽しくやっているのだ。私も野暮な（いや、実際にここでは「野暮」そのものの暮らしなのだったが……）質問はせずに楽しく過ごすことにした。

やがてその宴も終わり、私は寺に戻ってシュラフに飛び込んだ。酔いも手伝ってか、すぐに深い眠りに落ちていった。

次の日の朝、目が覚めると……。おや？　いつもなら私の顔をのぞきにくる村の子供達が誰一人来ないではないか。

う～ん！

伸びをしてから、既に境内を掃いていた二人の小坊主に聞いた。

「今日は子供達、来ないね。何故だろう……」

「それはあなたが昨夜、許嫁をお決めになったからですよ」

頭が、まだ回らない。寝ぼけ眼に寝ぼけた頭。

「え、許嫁って、何……」

「エエエエーーーッ!!!」

脳の回線が繋がるまでしばらくかかったが、繋がるやすぐにヒューズが飛ぶほどの衝撃ッ!!

ヤッパリそうだったのか！

あの長老めええぇ〜！

とにかく、こうしてはいられない。荷物を手っ取り早くまとめ、シュラフを巻き、久し振りにバックパックを背負う。

「世話になった！　本当にありがとう」

小坊主二人に、私はそう告げた。

「ヤッパリ行くのですか…」

「長老にも言ったが、私は日本に帰らなければならない。それに日本では、こんなに早い結婚などは認められないんだ。あなた方もこの村も大好きだが、ことここに至ってはしかたがない。皆に黙って去るのは心苦しいが……朝一番のバスで発つよ」

ところが気が付くと、長老が、来ていた!!

驚いた。

彼はなおも私にこう言った。

「リョウ、お前がここを発つのは止めない。悪かった……しかし、どうだろう、孫娘をいっしょに連れていってやってくれないだろうか。そして二人で、お前の故郷日本で暮らしてやってくれないだろうか」

何て純朴な人達なのだろう！　私は感動してしまった。ならばせめて、自分の孫娘だけでも幸せに……それを村全体で祝おうというのか！

おお、ブッダよ！　この人達は、あなたのお弟子だ、間違いなく！

自然に、長老と小坊主に向かい合掌した。そして何も語らず、ただ深々と頭を下げた。

「そうか……いや、無理ばかりを言って本当にすまなかった」

長老が語る。

「ではここで見送ろう。どうか、お前の旅がこの先も安全であるように」

そして、合掌で返してくれた。

素早く踵を返した。そして早足でバス停に向かう。

実は、泣いていたのだ！　嗚咽しそうになった。それを知られぬように、振り向きもせずただ真っすぐに歩いた。
震える体を、ボロボロになり薄汚れた大きなバックパックがほどよく隠してくれているに違いない。

スリランカ、
スリランカ、

国号の連呼で始まる、歌がある。村の女の子達がアルバイトの踊りのためにジャングルを通うとき、皆が歌った。真っ暗な中を、松明の明かりだけを頼りに歩んだ、あのときに。

ありがとう！
あなた方のことは、忘れない！
シギリアを、忘れない！

かくして私は首都コロンボに戻り、空路インドへと戻る。フリーツアーの期間は二十八日。そのうちもう半分以上が過ぎ去っていたのだった……。

十七

帰国の日が迫っていたので、やや急ぐ。スリランカからインドのボンベイ（ムンバイ）の国際空港にまで飛行機でいっきに飛び、暫しボンベイの高温多湿の空気を吸って後、そこからデカン高原の北西アウランガバードへと飛ぶ。

是非とも訪れてみたかった場所、アジャンタとエローラの石窟寺院。これら両遺跡は何せアウランガバードの目玉商品であるため、観光バスが出る。効率良く回れた。

しかし、百年以上もかかりながら岩石をくり抜き、そこに造られた仏教・ヒンズー教の石窟寺院の数々……職人達の鑿と槌の音が、今なお聞こえてきそうな気配に鳥肌が立つ。タージマハルを見たときもそう思ったが、よくぞこんなものを造り上げたものだ……。

ラメスワラームにたどり着く前に寄った南インドの町マドライにあるヒンズー教の大寺、ミナクシ寺院を見たときにもやはり同じ感慨があったが、結局人間の宗教観というものが、こういったすさまじい建造物を造り出すのだ。それは寺であったり、墓であったりする。

エジプトのピラミッド然り、日本の仁徳天皇陵然り……。

人間として生まれてしまったからには、必ず意識せずにはおけない「死」。愛するものの死に対する嘆き、そして自分の死に対する恐怖。それが故に苦しむ現世に何とか救いを求めようとまさにもがき苦しむ人、人、人……。

その情念が、これだけのものを造らせるのだ！　洋の東西を問わず。何という、すさまじいエネルギーだろう！

アウランガバードでは、山小屋風の建物に泊まった。デカン高原は、昼間は酷暑（摂氏五十一度を経験！）。ところが空気がカラカラに乾燥しているため、影に入るととても涼しい。そして乾燥というものがどんなものかを身をもって知った。コップに入れた水が、見る見る揮発していくのだ！

ここで本当に久し振りに風呂とシャワーにありつけたのだが、何とバスタブから上がれば、一瞬で体が乾く。そのときに気化熱の理屈で、まるで氷に漬けられた如くに寒く、というより冷たく感じる。思わず身震いした。さらに、ジーパンなどを水洗いすれば、本当に五分以内でパリパリに乾く！　煙草の火も、いくら揉み消そうとしても消えない。

これが、乾燥なのだ！

そして（これはデリーもそうだったが）日が沈めば急速に気温が下がってくる。現地で買った粗末なセーターを着て、バルコニーに出てみた。

満天の、星……。そしてどこで誰が吹くのか、笛の音が夜風に乗って聞こえてきた。

嗚呼、不思議な旅だったなあ……。

日本では経験できない、いや考えもつかないことだらけだった。この旅が自分の人生に、いったいどのような影響を与えるのだろうか。

それは、わからない。

しかしこれだけは言えると思う。この先たとえ様々な国々を訪れようが、良きにつけ悪しきにつけ、これほどの強烈な印象を与えられることは、おそらくもう二度とないだろう。

翌朝、陸路デリーに近づくついでに、町全体が赤土の建物でできていることから「ピンクシティー」とも呼ばれるジャイプール、そしてデリーに帰ってきてからは郊外にあるインドで最初のイスラム教寺院といわれるクトゥブミナールの尖塔（高さは七十メートル以上ある。事故があったため、現在は中に入れない）を登り、その根元近くにある「錆びない鉄」として有名な古代の鉄柱、アシヨカピラーなどを見学して帰国便まで時を過ごした。

デリーの超不潔な安宿も食堂も、もはや何の驚きとて私には与えなかった。動じなくなった。

そうだ！　本当にこの旅は自分をたくましくしてくれた。


やがて帰国の日になる一日前、私がこの国で最後に目にした存在、それは……。

またしても、不可触賤民達だった。そして今から語るその光景こそが私の今回のインド放浪の中で、タージマハルよりもミナクシ寺院やアジャンタ・エローラ石窟寺院よりも、何よりも大きな……その後の自分の人生において、その心の中のアルバムの一ページを占める忘れ得ぬ写真となる。

それは……仏教国スリランカのシギリアで経験した、あまりにも楽しく暖かい生活と鋭く対比され、ヒンズー教の中で叫ばれる身分制度の持つ矛盾を炎のように顕現させる。私の心の中では、その炎はまるで不動明王の背景の炎のようだ！

仏法の守り番、お不動様の、あの憤怒のお顔は……仏の慈悲を忘れたインドという国に対する怒りなのか。

それとも、それは我々日本人の勝手な解釈であって、あの恐ろしいヒンズー教の悪の女神カーリーの憤怒の顔こそ、異邦人に向け「我々の世界に関わるな、異邦人!」と怒り返しているのではないか。

思えばインドではカーリーに勝るとも劣らぬ恐ろしい悪魔、その名もマハーカーラ（「偉大なる暗黒」即ち「大黒」）でさえ、善なる神として讃える我々日本人の文化なのだ。

結論は、出ない。

インド悠久の歴史の中、恐らく今この瞬間も……。

インドは、インドなのだ。

十八

ニューデリーからオールドデリーへと散策に出た。別に目的地も、あるわけではなかった。明日、帰国便に乗る。いわば、それまでの時間つぶしだった。

歩けば歩くほど、あたりは寂しい雰囲気になる。これはひょっとして観光ルートから外れたか……。ままよ、別にもう慌てふためくこともない、今さら。

川？　それとも運河？
とにかく、水が流れているところに出た。そのほとりに、無数のむしろが並んでいるのが見える。
むしろの裏側は、樹木とその枝、葉が鬱蒼《うっそう》と茂っている。近づくとそれは、むしろだけでできた粗末な居住区だった。

「アッ！……」

そうだ。不可触賤民達の、集落だった。

関わってはいけない。
見ても、いけない。
私はそれでも、近づく。ほとんど裸の者達が、そこに蠢いていた。

ふと見ると、幼い女の子が粗末な籠に、小さい真っ赤な実を拾っては入れていた。裏側に茂る木の実だろうか……恐らくは彼らの食事なのだろう。

やがて、籠は実で一杯になった。女の子は嬉しそうに小走りに走り出す。次の瞬間、彼女は木の根っこに足を引っ掛け、転倒した。せっかく拾い集めた実が、バラバラと地面に散らばった。

そのときだった。

今まで木の枝に止まっていた無数の烏がいっせいに舞い降り、ばらまかれた木の実をついばみ始める。女の子は泣きながら、烏を追い払おうと必死に暴れる。しかし烏は次々に実をくわえるや元の枝に飛び帰り、その実をうまそうに喰い、そして女の子を、賎民達を嘲笑うかのように鳴いた。

女の子はペタリと座り込み、空になってしまった籠を抱えて、号泣している。

インドでは人間と動物との垣根がない、と言った。しかしインドでは、動物よりも身分が下の「人間」が存在する。

これは、文化といってよいのか？　文化なら、しかたがないとすませられるのか？

見るのが、関わるのが、罪なのか？

では聞く！　何が「罪」なのだ？

彼らが罪人なのか？
彼らが、何かしたか？
彼らのような人間を作ってしまった人には、罪がないのか？
それとも、彼らの「存在」自体が、罪だとでもいうのか？

一路日本を目指す飛行機はインドを飛び発ち、時速千キロの速度でインドを離れてゆく。後しばらくすれば、私は日本に帰り着くだろう。

それは、事実だ。

だが私の心は、あのデリーの光景の中に、いまだにいる。

すさまじい吐き気をもよおした。そして、ゲーゲー吐いた。胃液と涙とが、混ざった。

号泣する、女の子の脇で……。

私の心は、いまだ、あの光景の中にいるのだ。

不可触賤民の少年

後書きにかえて

今回の私の著書は当初、保江邦夫先生との共著になる予定でした。

ところが保江先生が兄弟子の木村達雄先生と共にエジプト旅行をされ、そこでの御経験がまことに意義深いものとなったため、急遽保江先生はエジプトのピラミッド紀行文に集中されることとなったのです。

両先生が帰国されたとき、既に私は脱稿していましたが、保江先生が書かれるであろう原稿量を考慮し、いつもより文章量を抑えて仕上げていました。だからこれが自分の単独出版となると、その分いつもの文章量に加筆する必要がありました。

どうしたものか……と朝の散歩に出かけながら透きとおるような冬の冷たい空気に触れつつ考えているうちに、一つのアイデアが閃いたのでした。それは
「そうだ！　先生がエジプトでの紀行文を書かれるなら、私はその露払いをさせて頂こう！」

というものでした。

ですから第四部の「インド放浪記」は、まさにそのために書き下ろしたものです。


昔インドに初めて向かい、強烈な印象を受けました。

その後も私は学生時代、そして社会人になれば仕事で実に様々な国々を訪れましたが、いまだにインド旅行を超える印象（というより「ショック」）を与えられたことはありません。これはむしろん自分にとって初めての一人旅、初めての海外旅行ということもあります。しかしもしこれが初めての海外旅行でなかったとしても、おそらくやはりインド旅行が最も印象深いものになったと思います。


すさまじい気候の違いに異文化、そして異教徒……。

本編には描きませんでしたが、デリーの町を歩いていたときに疲れから座り込んでしまったとき、どこからともなく風に乗ってコーランを朗読する声が聞こえてきたときは、嗚呼自分は今本当に「異国」にいるのだ……と実感でき、不思議な気持ちになったものでした。

とはいえ、もう三十六年も前のことです。

当時インドやスリランカから家に出した手紙や手記などを手掛かりに思い出しても、細かい記憶に食い違いなどは当然出てきます。けれども逆に、三十六年の年月を経て、自分の心にいまだシッカリと残っている光景をむしろ大事にしました（スリランカは私が訪れたときには平和な島でしたが、その後テロが多発する危険な島になってしまいます。ほんの近年、やっと終結しました。またインドはＩＴ産業により大きな発展を遂げ、もはや私の知るインドではなくなっています）。

文中に出てくる手塚治虫先生の『ブッダ』にしても、あえて今読み返すことはしませんでした。たとえそれが記憶違い、或いは記憶が変化していったのだとしても、たとえるならそれは……ワインなどの酒が年月を経て発酵していくようなものだと考えたからです。

そう、人生とはまことに、酒の熟成にたとえられるのかもしれません。自分という「酒」の。

さて、これにて私の務めは終わりました。

保江邦夫先生はエジプトにおいていったい何を見られ、どんな経験をされたのでしょうか。そして、どんなことを私達に伝えようとされるのでしょうか。

読者の皆様、刮目して、保江先生の次回作を待ちましょう！

「見よ、わたしは使をあなたの先につかわし、あなたの道を整えさせるであろう。荒野で呼ばわる者の声がする、『主の道を備えよ、その道筋をまっすぐにせよ』」

「わたしよりも力のあるかたが、あとからおいでになる。わたしはかがんで、そのくつのひもを解く値うちもない。わたしは水でバプテスマを授けたが、このかたは、聖霊によってバプテスマをお授けになるであろう」

（新約聖書「マルコによる福音書」第一章二節から三節、及び七節から八節）

平成二十四年十二月　炭粉良三

本書校正時における追記——著者・炭粉良三に起こったこと——

本書校正時、誠に驚くべき証言を次々に得、実際不可思議なることも起こった。これを受け、炭粉良三はそれらの事態のそもそものきっかけとなった半年前の事故にさかのぼり、その真相を以下に記すことを決意した。

その一

平成二十四年六月六日深夜（読者よ悟れ、二と四を足せば六となる）、悪魔の、夜。

その夜、炭粉良三はまさに悪魔に翻弄される。大阪で呑み、芦屋で呑み直そうと途中下車したときから、思えば彼等の追尾は始まっていたに違いない。そこでさらに呑んでの帰り……かなりの酒量になった。千鳥足で阪急電鉄芦屋川駅にたどり着く。

そして彼はその罠に、はまった。

巨大な、それは蝿の顔だった。彼が昔見たホラー映画『恐怖の蝿男』（後に『The Fly』としてリメイク）の顔そのものだった。一対の不気味な複眼を、今でも忘れられない。酔いのせいか、不思議と恐怖感はなかった。だが、それが既に罠なのだ。

飛び寄る蝿を払うように、彼はその顔を裏拳で払った。

蝿の顔は、待合室の硝子に映っていたのだ。酔いのため、良三にはそれがわからない。結果、彼の裏拳はその硝子を叩く形になる。厚さ4ミリ、鉄線入りの強化硝子にはまるで、紙のように簡単に直径十四センチほどの穴が空いた。

後に取り調べの警察官が語った。

「棒で叩いても、こうはいかん。あんた空手家か？　不謹慎だが、見事だ……」

だが、違うのだ！

普通では、割れない。穴など、空くはずはないのだ！

良三の周りを、まるで赤いカーペットで敷き詰めたように見えるほどの大量出血。そうなるのに、一分とかからなかった。むろん、彼は必死に止血しようとする。だが無駄だった。まるで壊れた水道の蛇口のように、血は吹き出した。

「これは死ぬな……」

そう思った。

「しかし、悔いはないなあ……」

そうも、思った。そして意識は消えた。

気がつけば、芦屋市最南端にある人工島に建つ救急病院、南芦屋浜病院の処置室の中だった。どうやら救急車で運ばれたらしい。ズタズタになった手の甲を縫合されている最中に、意識が戻った。

処置後……意外にも、立てた。大量出血のせいか、酔いも消えている。ただ、猛烈に喉が乾いた。水一リットルを一気に飲む。

病院で待機していた警察官のところまで歩き、「今のうちに取り調べを受けましょう」と告げる。

「あんた！　入院かと思った……」と、その警察官はあきれて言った。

だが、真実は述べられない。誰が、信用してくれるというのか。だから、良三は嘘をついた。

「リュックを背負おうとして、腕がスッポ抜けたのです」

阪急電鉄への速やかな弁償を承諾したこともあり、事件性なしとの判断で彼は帰宅を許された。とはいえ警察車両でものものしく送られ、身元引受人として立てた嫁に引き渡される形だ。既に七日の早朝となっている。寝ぼけ眼の嫁は玄関の扉を開けるなり、こう言って良三と付き添いの警察官を迎えた。

「あんた、今度は何をしたの?」

その二

大量出血だったわりには、意外に大事には至らなかった。通院ですんだのだ。次の日の早朝阪急電鉄へ弁償金を支払った後、その足で良三は病院に向かった。

南芦屋浜、それは芦屋市最南端に浮かぶ人工島だが、車を持たぬ者にとっては行き難い場所である。バスはあるが、時間帯によっては一時間に一本。かといって歩けば（阪急芦屋川駅からだと）一時間もかかる。幸い病院が無料送迎バスを出しているので、彼はそれに乗って通うことにした（それとて一時間に一本だが……）。

包帯を替えてもらった後、改めて病院の周りを歩いてみた。帰りのバスまでたっぷりと時間があったからだ。

「南芦屋浜か……こんなことでもない限り、恐らく一生来ることはなかったろう。病院前を東西に走るバス道即ちメインストリートを挟み、南側はまるで外国かと見紛うばかりにしゃれた一戸建ての家々が建つ。だが所々まだ売れぬ土地か、空き地も目立つ。一方バス道の北側には阪神大震災で罹災した者のための復興住宅、さらにその裏側に市営住宅が建ち並んでいる。そしてそのバス道を東に詰めれば、北に障害児の専門学校、南には豪華極まる介護付き高級マンションにリッチ感溢れるヨットハーバーか……何という両極端なレイアウトなんだ……」

良三は、そう思った。

病院付近に戻ると、その西隣にキリスト教の教会があるのに気づく。かなり大きな教会で、「風の教会」とある。プロテスタント系キリスト教の教会のようだった。バス停にたたずめば、十字架が凛とそびえているのが見えた。

「主の十字架か……まさか、また何か起ころうとしているのだろうか。これが主の導かれる予定調和だったとしたら……」

だがそう思ったのもつかの間、次の瞬間こんな考えも浮かんだ。

「いや待て！　そもそもここに来た最初のキッカケが気になる！　蝿の顔を持つということは、悪魔ベルゼブル……位からいえばナンバー二の悪魔だと師・保江邦夫がおっしゃっていたではないか！　そんな大物が出てきたのだ（ある意味、名誉だが）、もしここで十字架を俺に見せることすら含めた、彼らの策略だったとすればどうする！　妙に得心させるための、裏のそのまた裏だとしたら……」

それくらいのことなど、簡単に仕掛けてくる！

彼は十字架から目を逸らして移動し、送迎バスの待合所に向かった。やがて時刻となり、バスに乗り込む。その送迎バスは（何故か）わざわざ病院の周りをぐるりと一周してから、メインストリートに出た。その途中でのことだ。

病院北側には、だだっ広い空き地があった。その空き地の縁にただ一本、「定食」と書かれたノボリが掲げられている。

「おや？」

いかにも、不自然に見えた。周りには空き地以外、何もない……いや、ある！　よく見ると、その空き地の横にバラックのような平たい粗末な建物が見える。その中に、緑色の暖簾のようなものが見えたのだ。

それが、小料理屋「きまぐれ」だった。

その三

一週間後、良三は抜糸のため、南芦屋浜病院を訪れる。この一週間、念のために酒を断っていた彼は、処置後直ぐにそのノボリと緑の暖簾の店に、まるで見えざる何かにひかれるようにして向かった。

屋号は「きまぐれ」、小料理屋とある。「ありがたい！　なら酒も置いているはず」とばかりに中に入った。そして彼の予想は当たる。

そこにいたママさんは、良三よりも若い。しかも、元病院でカウンセリングの仕事をしていたという変わり種だった。だから彼が酔った勢いで話す合気の理論も、心理学に明るいためか彼女は非常に解りが早かった。それが嬉しく、「こんな目立たぬ場所にポツネンとある店なんて、誰が来るのだろうか」なる妙な心配も手伝って、病院に関係ない日にも、足繁く通うことになる。

そんな中、この小さな「きまぐれ」という店において、彼は二度にわたるすさまじい予定調和を経験する。

まずは、この島にあるヨットハーバー、芦屋マリーナの社長であり小説家でもある南創一郎氏との邂逅。彼は良三の本を読み、その中に出てくる大阪のS町の物語に目を留め、自分がその町出身であることを告げる。

それを聞いた良三は、南氏の年代からも「よもや」と思い至り、その町に育ち今は有名人となり活躍するAさんという女性を御存知かと問う。結果、南氏はAさんと小・中学校での同級生と判明する（！）が、彼女こそは炭粉良三一連の『合気シリーズ』において重要な狂言回しを演じてくれた方だった。良三が不良高校生時代それでも曲がり切らずにまともな道に戻れたのも、彼女のおかげといってよかった。

だが当時の恩人はAさんの他に、実はもう一人いた。

さらに「きまぐれ」に通い続けるうちに、長年灘校の体育教師を務めたという男性とこの店で出会う。彼こそ、高校時代に荒れ狂う良三を見捨てずに指導して下さったただ一人の体育教師（処女作『合気解明』に、その素晴らしい指導の言葉の一部を良三は紹介している）の先輩にあたる方であり、今でも「彼とはよく会う」（！）とのことだった。

この二つの予定調和は、良三を驚喜させた。どうしようもなかった若い頃、自分を救ってくれたAさんと体育教師という二人の大恩人の消息を、今ぞ同時に知ったことになるからだ。まさに彼にとって、これほど嬉しいことはなかった。

だが……ここから物語は、予想もつかなかった方向へと展開することになる。

折しも……師・保江邦夫により書かれ世に出された『合気の道――武道の先に見えたもの――』（海鳴社）と『愛の宇宙方程式――合気を追い求めてきた物理学者のたどりついた世界――』（風雲舎）により、保江邦夫が初めてＵＦＯというとんでもない対象に向かってその筆先を大きく変えた出来事、その二ヶ月ほども後の頃……平成二十四年も終わろうとする、師走十二月のことである。

その四

「不義な者はさらに不義を行い、汚れた者はさらに汚れたことを行い、義なる者はさらに義を行い、聖なる者はさらに聖なることを行うままにさせよ」
「時が近づいているからである」

（新約聖書「ヨハネの黙示録」第二二章第一一節、及び第一章第三節）

平成二十四年十二月一日。
その夜、良三は南創一郎氏に呼ばれて「きまぐれ」にいた。いつになく元気がない南氏にその理由を尋ねたところ、彼は「実はAさんが心配なのだ。彼女は激務のあまり、身体を壊してしまうのではないか……」と語った。

そこで「心配はいらないでしょう。彼女だってわかっているはず、長年あの仕事を続けてきたのだから」、と答える。

その帰り道。時刻は午後九時三十分。

綺麗な満月の夜だったので、思わず夜空に携帯を向けた。そして月を入れて写真を撮る。

その写真に……緑色に光る一機のＵＦＯが、ハッキリと写っていた。

この事件が、これから連鎖的に起こる一連の証言全てのキッカケとなる。

それから数日の後、良三は芦屋山側のスナック「リトルドール」でママにその写真を見せながら呑んでいた。すると彼女がこう語った。

「そういえば数日前、ＪＲ芦屋駅近くのマンションに住む友人から『窓から見える南の夜空に何か浮かんでいるのが見えた。ＵＦＯみたいだった』と連絡があった」

ＪＲ芦屋駅を南下すると、南芦屋浜に至る。

明けて平成二十五年の元日、良三は嫁と共に、年老いた母が一人暮らす実家を訪れる。そこへ良三の弟夫婦とその娘が同じく新年の挨拶にやってきた。

そのとき、弟夫婦はそれぞれ下記のように語る。

まずは、弟の嫁曰く

「今から十年ほど前のこと（残念ながら季節は覚えていない）、西宮（兵庫県西宮市。芦屋市の東隣）の浜のほうにまだ幼稚園児だった娘を連れて遊びに行った。すると西の海上、その上空に無数の光源が現れた。それはおびただしい数だったが、しばらくの間その空に止まっていたかと思うと、突然フッと消えてしまった」

西宮浜の西側には、南芦屋浜がある。しかも十年前というと平成十五年、即ち南芦屋浜の開発・整備が行われた年にあたる。

次に、弟が話しだした（「この話は誰にしても信じてもらえないと思い、今まで嫁と娘にしか話したことはない」との前置きがともなった）。

「今から三～四年ほども前の、夏の日の夕方四時頃だった。その日は嫁らと晩飯を食べに行く予定で、時間つぶしに南芦屋浜を散歩していた（弟夫婦は人工島・南芦屋浜から北に徒歩五分、橋を渡ったところに住んでいる）。当時の南芦屋浜はまだまだ家の数も少なく、今よりももっと空き地が多かった。

ただ、道だけはアスファルトで既に舗装されていたので、その道を歩いていると……どこから現れたか急に二人の中学生くらいの男の子と出会った。二人とも顔は普通なのに、何故か上も下も緑色一色の服を着ているのに、何ともいえぬ違和感を覚えた。だがその二人のセリフには、もっと違和感を覚えることになる。

兄弟なら兄とおぼしき方の子が『オッチャン、今日は何年何月何日や？』と聞いてきたのだ。そう、関西弁を話したのだ。それで月と日を教えると、『それはええけど、何年なん？』と、なおも聞いてくる。それで『ケッタイな（注：「変な」という意味）ヤツらやな……』と思いながらも西暦で告げるや『しもた！　間違えた！』と叫び、二人で道の先へと走り去り、アスファルトで舗装されていない空き地部分の穴のようなところに飛び込んだ（ように見えた）。

後から歩いてそのあたりに行くと、なるほどマンホールはあったが、フタは閉まったままだった」

弟の話の場所をほぼ特定できたので、良三は取材も兼ね一月四日に南芦屋浜を訪れる。写真等を撮り終え、一休みしようと「きまぐれ」に向かった。すると離婚後市営住宅に住みながら、がんばって自閉症の娘を育てている母親が来ていて、こう語った。

「娘が時々窓から手を振っているので『何してるの？』と聞くと、『お空のオジチャンに手を振ってるの』と答えたことがあった」

それを聞いた「きまぐれ」のママが、こう語った。

「ここには、御存知のように障害を持つ子供達の学校がある。彼らの純粋な心が何か作用しているのではないか。そういえば去年の夏、芦屋の花火大会のときに私は花火と花火の間を遊ぶように飛ぶＵＦＯを見ている……」

その五

これら一連の証言は、いったい何を意味しているのだろうか。炭粉良三にはその意味が、いまだにわからないままだ。

事の始め、即ち彼が生まれて初めてＵＦＯを撮影し得たとき、彼は思った。「南氏の優しい気持ちがＵＦＯを呼んだに違いない」と。彼の師である保江邦夫が「愛あるところにＵＦＯは現れる」と語っていたからだ。

だが各証言を吟味すれば、その兆しは既に南芦屋浜が整備されようとする十年前までさかのぼることができる。言うまでもなく、そのときは南氏もまだこの地にはいない。「きまぐれ」もなかった。保江邦夫は合気を開眼する前だ。良三はひたすら空手で打ち合っていた。

もちろん我々が存在しなくても、ＵＦＯの存在は古くから叫ばれてはいる。けれども、良三が「愛あるところに……」そう思ってＵＦＯを撮影できたことを得心しようとしていたはるか前から、この地はＵＦＯのメッカだったのだ！

そこに彼が、迷い込んだにすぎない。

しかし、である。

それにしても、タイミングがよすぎるのだ！　保江邦夫が例の二冊を世に出し、炭粉良三がそれに対して何とか咀嚼を試みようとしていた最中にそれは起こり、堰を切ったようになだれ込む証言の数々……。

良三はこれら一連の出来事、つまりもはや武術など超え宇宙規模となってしまった出来事群の中にあって、一つ気づいた。

「よもや……これは『黙示』ではないか」と。

「黙示」、それは元々裁判用語で「はっきり言わず、暗黙の内に考えや意志を示すこと」と辞書にはある。この意味においては「明示」の対義語である。しかし、キリスト教においては「神が人に神意や真理を示すこと」即ち「啓示」という意味を持つ。この意味においては新約聖書の「ヨハネの黙示録」が有名だ。

ただ、炭粉良三はその著書で何度も語ってきたように、彼自身はクリスチャンではない。いや、あらゆる宗教に興味を示さない無神論者の立場を取っている。

しかし彼は同時に、こうも思う。合気追究の道程で、自分は見えざるものの存在を確かに感じている。もしその摂理（善悪二面性を持つ。即ち「創造と破壊」）が確かに存在しているのなら、それは人間の信仰のあるなしなど無関係なのだ、と。神を信じようが信じまいが、持ち上げた鉛筆を放せば、それは床に落ちるのだ。

「六六六……『ヨハネの黙示録』にて示される、悪魔の番号。ならば俺はやはりあの夜、死ぬべき運命だったのか。それがベルゼブルの狙いだったのか。となれば、やはり救ってくれたのは十字架に象徴される、主の愛だったのか。いや、待て！　それよりも、何故俺ごときに、悪魔も主も顕現するのだ?!」

思えば、そもそもの事の始まり……五年前に保江邦夫と出会うことになるのも、あの不思議なキリスト・イエスの夢からだったではないか。

「私が合気を教えてあげよう」

そう告げたイエスの夢から醒め、その果てに彼が出会う人物こそ、科学者であり同じく宗教などには無縁でありながら、ルルドの泉に癌から救われ（あまつさえ）合気を悟ってしまったという、保江邦夫だったのだ！

いったいこれは、どういうことだ？

何を、言いたい？

そして、何が起こる？

一月の四日、そして五日の両日に渡り南芦屋浜を取材して帰った良三は、撮影した写真を整理しようとした。

「十年前に弟の嫁が見たという南芦屋浜上空に出現した無数の光源……今俺はその南芦屋浜にい

る。この頭の上の、空！　この空にいったい何が起こった？　いや、何が起こっている？」

「あるいは、地上のほうか？　俺が今立つこの地に、何がある？」

そう思いつついまだ空き地の風景、そして空を、撮った。それらの写真を、彼は整理しようとしていた。

そのときに、気がついたのだ。

空を撮影した二枚の写真の中に、またしてもＵＦＯらしきものが写っていることを！

レンズや電子装置の加減、いや光の反射か何かの加減ではないのか?!　しかし、同じ空を撮った他の写真には、何も写ってなどいない。

黙示。だとすればはたしてその意味とは、いったい、何なのだろう。

どうか、素晴らしいことであって欲しい

—了—

追記

以前炭粉良三が『合気シリーズ』で言及した「カタカムナ文明」、それは太古の昔に（今でいう）阪神間に存在したという進んだ科学技術を有した一族「アシヤ族」の物語だ。そしてその物語は、終戦後間もなく金鳥山という六甲山系の山の頂上付近で野菜の促成栽培の実験中だった科学者・楢崎皐月が平十字と名乗る謎の男から不思議な巻物を解読してくれるよう依頼されたことから始まる。

やがて解読された巻物には「イヤシロチ」と呼ばれる、ある一定の条件を揃えた場所では植物は良く育ち動物も健康になると示されているという（その真逆の「ケガレチ」つまり動植物に悪い影響を与える条件も示されているらしい）。

一般にイヤシロチとは金鳥山山頂を指すといわれているが、あるいは宇宙人（?）やＵＦＯ（?）にとって、南芦屋浜がまさに「イヤシロチ」なのだろうか。

ちなみにその金鳥山は、南芦屋浜から北西三キロ半のところにある。

謎は、尽きない。

著者：炭粉 良三（すみこ りょうぞう）

1956年兵庫県生まれ。

長く空手の稽古にいそしみ、柔術や活法も習い修める。

2008年3月保江邦夫教授と邂逅。合気の技を目の当たりにし、同年7月その実践性を知る。同時に合気に治療原理を発見。爾来、冠光寺流活法の完成に向け研究工夫の日々を送っている。

著書：『合気解明』『合気真伝』『合気流浪』『合気深淵』（いずれも海鳴社・バウンダリー叢書）

＊＊＊＊＊バウンダリー叢書＊＊＊＊＊
合気解体新書 ――冠光寺眞法修業叙説――
2013年2月25日 第1刷発行

発行所：㈱海鳴社
http://www.kaimeisha.com/
〒101-0065 東京都千代田区西神田2-4-6
TEL：03-3262-1967 FAX：03-3234-3643

発行人：辻 信行
組 版：海鳴社
印刷・製本：シナノ

出版社コード：1097

ISBN 978-4-87525-295-5